民族传统体育游戏与文化传承创新研究

周丽丽 著

吉林摄影出版社
·长春·

图书在版编目(CIP)数据

民族传统体育游戏与文化传承创新研究 / 周丽丽著. --长春：吉林摄影出版社，2023.6
ISBN 978-7-5498-5846-0

Ⅰ.①民… Ⅱ.①周… Ⅲ.①民族形式体育—体育游戏—研究—中国 Ⅳ.①G898②G852.9

中国国家版本馆 CIP 数据核字(2023)第 115063 号

民族传统体育游戏与文化传承创新研究
MINZU CHUANTONG TIYU YOUXI YU WENHUA CHUANCHENG CHUANGXIN YANJIU

著　　者：周丽丽
出 版 人：车　强
责任编辑：罗　晗
封面设计：豫燕川
开　　本：787mm×1092mm　1/16
字　　数：231 千字
印　　张：9.25
版　　次：2024 年 1 月第 1 版
印　　次：2024 年 1 月第 1 次印刷

出　　版：吉林摄影出版社
发　　行：吉林摄影出版社
地　　址：长春市净月高新技术产业开发区福祉大路 5788 号
　　　　　邮编：130118
电　　话：总编办：0431－81629821　　发行科：0431－81629829
印　　刷：北京银祥印刷有限公司

ISBN 978-7-5498-5846-0　　　　　　定　价：48.00 元
版权所有　侵权必究

前 言

我国是一个多民族国家,各民族拥有自身独特而优秀的民族传统文化。我国在几千年的发展变迁中创造了璀璨多彩的民族文化,传统的体育游戏文化便是其重要的组成部分。传承、保护与发扬各民族的传统体育文化,既是对民族文化遗产的保护,又对我国体育文化的多元发展具有重要意义,是我国"和谐体育"发展思路的重要内容。

各民族传统体育文化是民族传统文化的重要组成,它是各民族在特定地域环境下生产生活的历史积淀。由于生存区域与生存环境、生产劳动与生活方式、文化积累与文化传播的差异,教育、娱乐、健身等多种形态的文化活动共同构成了各民族传统体育文化的丰富内涵及其表征系统。在中国民族传统体育文化发展的历史进程中,各民族的传统体育文化在与其他文化的交流中不断完善和发展,为中华民族体育留下了独特而宝贵的非物质文化遗产。

本书从民族传统体育文化传承基本理论出发,梳理了民族传统体育的理论基础、文化理论、特点等方面的内容,并针对民族传统体育的体系构建,系统地对民族传统体育的功能特质、发展模式、影响因素、整合与分布展开论述,同时结合民族传统体育游戏的开发与组织,详细地对民族传统体育游戏的活动分析、黄河流域民族民间体育游戏以及民族传统体育游戏的动漫画传播等方面的内容进行研究与讨论,最后探讨了民族传统体育文化传承与发展、国际化传播与产业化发展研究。希望通过论述,能够为读者提供民族传统体育游戏与文化传承创新研究方面的帮助。

在编写本书的过程中,笔者查阅和借鉴了大量的相关资料,在此向其作者表示诚挚的感谢。此外,本书在编写的过程中,也得到了相关专家和同行的支持与帮助,在此一并致谢。由于作者水平有限,加之时间仓促,书中难免出现纰漏,敬请广大读者批评指正。

目 录

第一章 民族传统体育文化传承基本理论 ·· 1
   第一节 民族传统体育的理论基础 ·· 3
   第二节 民族传统体育的特点 ·· 7
   第三节 民间、传统、民俗、民族体育的关系辨析及民族传统体育文化的系统 ·········· 9
   第四节 民族传统体育文化分析研究 ·· 13

第二章 民族传统体育的体系构建 ·· 23
   第一节 民族传统体育的功能和特征 ·· 25
   第二节 民族传统体育的发展模式 ·· 30
   第三节 民族传统体育的影响因素 ·· 33
   第四节 民族体育项目的整合与分布 ·· 38

第三章 民族传统体育游戏的开发与组织 ·· 43
   第一节 体育游戏概述 ·· 45
   第二节 学校传统体育游戏理论介绍 ·· 49
   第三节 学校教师对开展传统体育游戏的态度和期望 ···························· 51
   第四节 学校传统体育游戏的开发与应用 ·· 52
   第五节 传统体育游戏全面整合乡土资源 ·· 56
   第六节 传统体育游戏的活动评价 ·· 62

第四章 民族传统体育之游戏活动分析 ·· 65
   第一节 民族传统体育基本技能游戏 ·· 67
   第二节 民族传统体育对抗竞争游戏 ·· 71

第五章 黄河流域民族民间体育游戏 ·· 75
   第一节 沿黄河流域民间传统游戏简介 ·· 77
   第二节 齐鲁文化与齐鲁民间体育游戏 ·· 86

第三节　齐鲁民间体育游戏与竞技体育表现形式的比较 ………………………… 89
　　第四节　典型齐鲁民间体育游戏个案的微观文化解读——以蹴鞠为例……… 90

第六章　民族传统体育游戏——动漫化传播 …………………………………………… 93
　　第一节　传统体育游戏新的传承方式 …………………………………………… 95
　　第二节　传统体育游戏传播的一个可资利用的方式——动漫技术 …………… 96
　　第三节　当前体育运动动漫化传播特征 ………………………………………… 99
　　第四节　当下我国传统体育游戏动漫化传播的未来路径 ……………………… 100

第七章　民族传统体育文化传承与发展 ………………………………………………… 105
　　第一节　民族传统体育的传承 …………………………………………………… 107
　　第二节　民族传统体育的挖掘与整理 …………………………………………… 109
　　第三节　民族传统体育与现代体育 ……………………………………………… 111
　　第四节　民族传统体育的未来发展 ……………………………………………… 115
　　第五节　民族传统体育文化的继承和融合 ……………………………………… 119
　　第六节　民族传统体育文化的承传和保护 ……………………………………… 122

第八章　民族传统体育的国际化传播与产业化发展研究 ……………………………… 129
　　第一节　我国民族传统体育国际化传播的策略 ………………………………… 131
　　第二节　我国民族传统体育产业化发展的战略 ………………………………… 136

参考文献 …………………………………………………………………………………… 141

第一章

民族传统体育文化传承基本理论

第一节 民族传统体育的理论基础

一、民族传统体育和民族传统体育文化承传

民族传统体育是指由我国特定民族地区的人群所传承的、能够反映该民族或该地区人群的生存历史、民风民俗、价值观、审美观等的体育形态。其概念的论述存在着不同程度的分歧。从广义的角度,认为民族传统体育是指某一民族在某一区域范围内开展的,还没有被现代化影响的体育娱乐活动;从文化学角度进行界定,认为民族传统体育是由各民族创造的为获得增强体质的技能而进行的竞技娱乐和教育的一种综合性文化形态,是各民族以身体运动为基本方式的一种动态过程的复合体,是民族文明进步所形成的一种传统的文化生活方式,具有各民族自己的特征;立足于中华民族范围内界定民族传统体育,把民族传统体育来源界定在两个方面,其一,在中华大地上由历代产生并大多流传至今。其二,在古代历史长河中传入却在我国生根发展且有中华民族传统特色的体育活动,除此之外,民族传统体育还是中华民族在长期的社会活动中,在中国传统文化的滋润下,由中华各个民族创造的,逐渐融合发展,流传至今的各种自成体系的体育运动的总和。由于世界各国的民族大多数有自己本地区鲜明民族特色的传统体育,因此,民族传统体育应该指世界各民族在不同历史时期所创造的以满足人们在不同历史时期身心发展需要的体育活动形式。

(一)民族传统体育文化承传的依据

民族传统体育文化大都诞生于民间,是一种自然形成的文化形态,是数代人无为而治的产物,其发展是一种有机、缓慢、自然的演进过程,一般不会随个人的意志而随意更改。行政的干预、舆论的喧嚣,或许在一定程度和一定时段内起着影响作用。针对当前我国民族传统体育文化保护传承实践中存在着诸多违背体育发展规律的行为,希望从哲学高度来观照、约束、矫正之,以确保民族传统体育沿着自然、正常、健康的轨道发展。

(二)民族传统体育文化承传的基本价值原则

"本地居民为主"是民族传统体育文化保护传承的基本价值原则。民族传统体育文化大都属于土生土长的草根文化,千百年来本地民族群体一直是这些体育文化的拥有者、保护者、传承者、受益者,作为文化的主体角色而与体育文化融为一体,是体育文化不可或缺的有机部分,最有资格成为体育文化的受益者。任何外在的保护者都应学会做一个虚心的倾听者,倾听他们的声音,了解他们的需求,如此才能制定出符合民族意志的保护传承方略。

(三)民族传统体育文化承传的文化重心

从体育文化的层次结构来看,无论是保护还是传承,其重心都应落脚在体育文化的精神层面。文化结构三层次理论认为,文化有内、中、外三个层次,处在核心层次的是精神文化(包括价值观、道德观、审美观等)。民族传统体育文化应有本、末之分,所谓本,即隐藏在体育文化深层的价值观,它在体育文化运行中居于核心地位,起价值引导作用;所谓末,就是价值观的外在延伸,即那些被称为"技"或"术"的行为、技术、规则等文化表层内容。体育行为

不过是价值观的外在延伸,它们受价值观的支配,只要守住内在的价值观,外在的体育行为便不会异化变质。

(四)民族传统体育文化承传的实践前提

田野调查是揭示民族传统体育内在精神的主要方式。民族传统体育作为生命跃动的表现形式,包含着复杂的精神追求,只有深入到民族社区,与当地居民进行亲密接触,才能够体悟到民族传统体育的精神情感。通过采用田野调查法,深入研究情境,感受当地的地理人文环境,观察当地居民的体育行为,体验行为背后的精神情感,才能准确揭示出体育的内在精神,对民族传统体育实施科学有效地保护。

(五)民族传统体育文化承传的主体

关于文化保护的主体,体育界很少有人论及,但在民俗学、文化学领域却是讨论的热点问题。主要观点有:政府是主体;民间是主体;政府和民间构成二元主体;政、学、商、媒体等构成多元主体。"保护主体"只宜确立一个,既强调"主",就不应主次不分,多元混杂。在民族传统体育文化保护传承工作中,政府固然承担着重要的行政责任,但保护的主体力量却在民间。数量有限的体育行政人员不可能作为保护的主体角色承担起庞多繁杂的保护任务,行政人员的角色承担主要体现在组织、协调、宣传、政策引导、资金支持等"辅"的方面,这样的角色定位不仅符合民间文化自然发展的规律,也有国外经验可循。

(六)民族传统体育文化保护、承传内容的甄选

民族传统体育文化种类繁多,"不论其优劣,不究其价值"的全面性保护成本巨大,实际上难以做到,任何文化形态都有着内在的发展之道,优胜劣汰是文化选择的自然法则。民族传统体育文化有精华和糟粕之分,不宜不分良莠地一概保护,保护的重点应是那些具有健身娱乐功能、历史价值和人文价值的精华部分。对那些一时难以甄别其价值而濒临消失的体育项目,可以先抢救,后甄别,以保存文化记忆。

(七)民族传统体育文化保护、承传的文化根基

保护体育文化根基的唯一路径是遵循人类学的文化整体观,进行整体性保护。任何一种成熟的民族体育文化,都是挂靠在整个民族文化体系之上的,与民族的历史渊源、社会变迁、生产生活、民间信仰、风俗习惯、地理环境等密切关联。保护、承传民族体育文化不能淡化其文化基础,不能破坏文化的整体性,既要保护体育项目本身,也要保护它的人文环境。无论是对体育项目的改编改造,还是引导民族传统体育实现创新发展,都必须慎之又慎,不能斩断其文化根基。

二、民族传统体育项目评价与结构

评价是人类社会经济活动中最广泛、最普遍的活动之一,贯穿人类活动的全部过程,可以说,只要是人迹所至之处,就有评价。作为评价理论的最基本概念就是评价概念,评价是一个多层次、多元化、多视角、多思维的概念。立足于主客体关系,评价活动有如下几个关键性的要素:把握价值主体的需要;把握价值客体的属性与功能;以价值主体的需要衡量价值客体的属性与功能。在这一活动中,评价的标准,就其实质而言,就是评价主体所把握的、所

理解的价值主体的需要。

价值与评价的关系问题可以说是评价论甚至整个价值论研究中的基本问题。首先,价值决定评价。价值是评价的基础,价值是一种客观存在的主客体关系,评价则是主体对价值的一种认识活动。客观价值先于评价而存在,评价随着客观价值的变化而变化。价值是在评价主体之外、不以评价主体的意志为转移的客观对象。价值决定评价还表现在有什么样的价值现象,就有什么样的评价方式。其次,通过评价活动,揭示客体属性与主体需要之间的价值关系,使价值以观念形式呈现在人们的面前。广义地说,任何事物都是有价值的,科学评价的任务就是判断评价对象之于评价主体有无价值及其价值量的大小,是准确、合理、科学地认识和判断事物价值的一把精密标尺。

每一种文化都是一个价值体系,它是由各种文化特质构成的价值整体,既包括不同民族所创造的物质文化,也包括其风俗、习惯、伦理、道德、信仰、政治、法律、哲学、艺术以及种种文化制度和精神产品。文化结构层次对于人类所创造的一切成果的宏观审视思路是当今社会文化研究最为重要的思想方法,已经成为各相关学科进行问题解析的一般方法论之一。对于民族传统体育项目来说,解剖自身,创造未来,具有积极的现实意义。

一个文化的基本架构,将文化系统作静态的结构分解,通常的分法有二分法、三分法和四分法。二分法,广义的文化概念把文化划分为物质文化和精神文化两大类,认为文化是人类创造的物质文化和精神财富的总和。三分法,经过不断修正文化结构三层次学说成为"物质、制度和精神"三层,由表及里和由内到外交互作用,具有双向性,相互渗透,相互转换,共同构成文化的结构,形成文化系统。四分法,分为物质文化、制度文化、行为文化和精神文化。

文化结构三层次是民族传统体育项目结构划分依据,用三层次分类法剖析民族传统体育项目的结构最为有效和客观。三层次方法高度契合了哲学单个研究对象的逻辑思路,高度吻合了人类三个最为基本的追求目标,科学合理地构建了对人类一切文化成果的解释系统。物质、制度、精神文化的三层次分类法与哲学上的自然、社会、思维三对象高度契合,此外,它还科学地建构了对人类一切文化成果的解释系统。民族传统体育项目应该适度抽象为:民族传统体育物质层、民族传统体育项目制度层、民族传统体育项目精神层。同时,这三者的相互关系及其与人类文化的关联也应该视为民族传统体育的研究对象,它们共同形成民族传统体育项目的文化形态,并且为我们从科学角度研究民族传统体育的发展和演变提供了最为清晰和合理的审视角度和思维方法。

民族传统体育作为民族传统文化的重要构成要素,作为倍显民族精神和特质的标志,在发展历程上,折射出了从生产到生活、从工具到玩具的文化理念的变迁。对民族传统体育文化结构的研究不仅要从静态方面入手,更要从动态方面来考察,因为文化要素的变化能引起要素、层次之间的相关关系的变化。与此同时,民族传统体育文化结构的相关关系的变化也不是完全被动的,在人们观念、需求、外界压力变化的影响下,民族传统体育文化自身的结构也会使相关关系发生变化。

三、民族传统体育的形成基础

由于居住地域、所处社会发展阶段的不同以及风俗习惯的千姿百态等,每个民族都会有自己独特的社会生活方式。受中国传统文化影响,中国的传统体育十分重视体育伦理和社会价值。

（一）自然经济基础

中国是一个古老的农业国,自春秋战国始,逐渐形成以小农经济为主体的单一农业经济结构,在这种经济结构中,由于农业本身生产提供了最必要的生活产品,较长的农业生产周期又为农民提供了大量从事家庭副业和手工业的闲暇时间,因此形成了千万个以此经济结构为基础的自给自足的经济单位。许多有着健身价值的民族传统体育项目是从生产劳动中衍生而来的。中国作为一个农业大国,绝大多数民族仍保留了农耕的生产方式,这种生产生活方式与民族传统体育的形成有着密切的关系。如聚居海南岛的民族在与竹子长期打交道的过程中,为了提高伐竹的速度并避免被竹子刺伤,便学会了在竹子之间穿梭、跨跳的技巧,久而久之就形成了"跳竹竿"的游戏,每年秋收结束后,青年男女喜气洋洋地穿上节日服装,在村寨的场地上举行跳竹竿活动,欢庆丰收,后来经过文艺和体育工作者的加工整理,发展成为具有艺术性和观赏性的比赛。又如传统体育"走独木桥"是从采集野果的劳动演变而来的。此外,在农事活动和农闲中,传统体育项目还有拉鼓、走竹竿、打手毽、爬坡竿、跳鼓、斗牛等。

生活在草原、以农牧业为主的游牧民族,由于地处特殊的地理环境,人们在长期的劳动、生活中形成了具有鲜明的草原游牧民族文化特色的生产生活方式。由于在狩猎活动中需要培养使用马匹的能力,牧民们练就了高超的骑术,后来又衍生出赛马、叼羊、骑射、马球等相关的民族传统体育项目。传统竞技活动——博克（摔跤）、射箭、赛马,更充分展现草原游牧民族文化的神韵和风采。又如赛马、射箭、赶牛、蹬棍、赛牦牛、抱石块、登山、格吞（双人拔河）等运动,体现了浓郁的游牧民族的风格特征。

骑马、射猎、迁徙的游猎生活决定了游猎民族祖辈的生产方式,这使得这些民族必须掌握骑马、射箭、投枪和追猎的技巧。原聚居于我国东北部的民族,自古以擅长弓箭著称,世代相传下来的游猎生产方式鲜明地在这个民族的传统体育活动之中展现出来。清朝八旗以骑射为本,上大夫家以习射为娱乐,家家设有"射圃",定期举行"射会",射兽舞蹈的整个过程都表现的是弓箭、逐兽和拉弓射的动作。而我国南方丛林中的一些民族猎手,也经常使用弓弩进行狩猎,还有一些在其生产劳动中衍生出的推杆等活动。

在自然经济时代,由于散居在山区各村寨的一些民族忙于农事,而且交通不便,一般只在节日里相聚,有些体育活动就是在这种集经济、社交、娱乐等多功能于一身的传统节庆活动中产生出来的。

各民族的习俗并非僵化不变。由于氏族、部落的大量迁徙形成各民族相互杂居,民族交往的增多引起了传统体育的变迁,因此形成了民族传统体育相互交叉融合的局面,而且,随着民族交往的扩大,原来分明的民族传统体育界限似乎变得有些模糊不清了,许多民族的传统体育活动中逐渐出现了一些异质文化色彩。

自然因素作为一切体育活动的物质基础和重要的精神来源,既是体育的基础,又是限制体育的条件,既促进了体育的发展,又抑制了体育的发展。随着民族聚居地区的经济由传统的自然经济迅速地向市场经济过渡,在自然经济基础上发展起来的民族传统体育必须适应这种经济的变革,在变革中求得生存与发展。

(二)精神生活基础

在原始生产方式条件下,强健的体魄和机敏的头脑往往可以使一个人在劳动生产与战争中出类拔萃,获得功利,这种现实的需要使人们意识到体能与技能锻炼的重要性。

随着人们认识水平的提高和科技文化的普及,这些活动逐渐成为活动者自己放松、休息和娱乐的活动,有些活动以交际、喜庆、娱乐的形式存活于民族生活之中,并随着时代的发展,从内容到形式变得更加丰富多彩。

中国古代哲学不仅强调人与自然的和谐统一,而且强调个人与集体(社会)的协调统一,还要求个人内外协调统一。同时,中国古代哲学还特别强调人格,崇尚气节,重视情操。所倡导的理想人格,广泛影响着人们的道德修养,并成为中华民族传统体育中共同的精神品质。在这样一种自然观和生命观的影响下,中国人形成了对于健身机理的独特看法。中国古代导引术通过模拟自然界中动物的形态动作、创造出把呼吸运动与身体运动合为一体且具有保健性质的多种体育运动项目,倡导在发挥人的主观能动性进行强身健身的同时,强调顺应自然,依时而行,也就是强调人与自然的和谐统一。

中国传统体育注重以整体的概念描述人体运动过程中形体、机能、精神诸方面的活动,以及这些状态与外部的联系。如中国传统的体育项目,气功、太极拳等。

第二节 民族传统体育的特点

一、娱人娱己的特点

与现代体育相比,民族传统体育更偏重娱乐性和随意性。娱乐是人类在基本的生存和生产活动之外获取快乐的非功利性活动,包括生理上获得快感,更主要是指心理上得到愉悦。娱乐最早并不是为了娱乐别人而出现的,而更多的是为了发泄自我内心的情感,也就是说人们在欢娱心情达到高潮时才会表演起来。当一个人的表演博得旁观者的喝彩时,表演者的欢娱情绪将进一步高涨,达到娱人娱己的极高境界。

民族传统体育活动的娱乐性在人类的早期活动中就已逐渐形成。作为健身手段和男女社交方式的体育活动没有很强的竞技性,而作为娱乐形式的民族传统体育由于很少涉及直接的和较大的经济利益,所以不需要严格的裁决,也就没有发展出一套严谨的规则。

注重"自娱"与"娱人",使中华民族传统体育文化多与休闲文化联姻,从侧重于强身健体、武力保家、娱性怡情的作用转变为侧重"自娱"与"娱人"的作用,成为人们节日之余、喜庆之余、休闲之中的生活点缀,民族传统体育文化作用有了重大的转变。

娱乐总是要伴随着休闲和游戏，伴随着对人们越来越多的余暇时间的占用，其主要价值体现为满足人们的心理欲望和精神需求，使人们的身心达到新的平衡。体育在娱乐享受和强身健体的同时，又是消除孤独与寂寞、拓宽社会交往、增进相互情感交流的"润滑剂"，使人容易产生积极向上、乐观开朗的心理状态。现已成为国际竞赛项目的龙舟竞赛、舞龙、舞狮，可以说是民族传统体育中娱乐性成分较高的项目，它能使人们在激烈的竞争气氛中感受到合作的重要，享受胜利的喜悦，不仅能起到健身的作用，而且还能满足人们精神生活的需要。民族传统体育以其独特的魅力、积极健康的文化娱乐方式及观赏性，吸引更多的人参与其中，并成为人们休闲生活中的重要内容。

休闲离不开娱乐，随着休闲时代的来临，民族传统体育的振兴需要寻回失去的精神家园，回归它的娱乐性，让其成为人们喜闻乐见的活动。

二、民俗特点

在体育学方面，通常把民族传统体育作为民俗事象来看待。一般来说，人类早期的体育活动总是带有原始的、神秘的色彩，而且往往同婚姻、劳动等活动结合在一起。在我国一些民族聚居地区，音乐、舞蹈、体育竞技、游戏等活动，大多数不是独立开展的，而是附属于其他民俗事象之中的，而这些活动都有较固定的时间、地点和程序，就促使早期舞蹈、体育由自发的、小型的、不定期和不定型的形态上升为有组织的、规模较大的、时间地点相对固定的集体性活动，从而也使大众易于接受和传播，最后成为一种民俗活动。

我国节日民俗是一种独特的表现形式，作为一种民族认同，除全民性的节日之外，各民族中还流行着许多地域性、民族性的节日，这些节日民俗随着社会的发展往往与人们的生产活动、纪念活动、社交活动、文化娱乐活动等相互影响并有着密切的关系，其文化色彩浓厚，表现形式多种多样。虽然民族的节日民俗在时间、纪念意义、活动内容等方面有所不同，但是把传统体育作为节日民俗的一项重要纪念活动内容却是相同的。节日民俗活动具有鲜明的民族特点和浓郁的乡土气息，寓意着一些不同的民族文化色彩，且场面宏大，因而受到了群众的喜爱。而流传于民间的游艺民俗活动的突出特点是不拘地点，形式多样，简单易行，如拔腰、删手腕、推杆、踢毽子等，体现着随意性、娱乐性和竞技性。

民俗不是孤立地存在和变化的，而与物质文化形态和精神文化形态的变迁有着密切联系，因而其文化内涵也相当丰富，体现了人类的智慧和创造，也为人类自身提供了精神文化、娱乐方式。如居住在我国边陲地区的一些民族，由于自然环境及风俗习惯的影响，交通闭塞，社会发展不平衡，较少受到外来文化的影响，各民族地区在生产实践和生活实践中创造了许许多多娱乐性民俗活动，并以这种方式达到自我娱乐的目的。

无论风俗习惯属于物质生活还是精神生活，都是社会不同发展阶段的产物，同时也是民族意识、民族心理素质的一个组成部分。民俗为整个民族所共有，民族风俗一旦形成，便成为一个民族的一种习惯。由于各种形式的民间习俗的传承，使我国各民族、各地区产生了各种各样、内容丰富并带有浓厚民族气息的传统体育活动。

第三节 民间、传统、民俗、民族体育的关系辨析及民族传统体育文化的系统

一、民间、传统、民俗、民族体育的概念

国内学术界对民间体育的讨论非常广泛,其中有代表性的是将民间体育界定为在民间广泛流传的、具有鲜明的民族风俗和地方特色的传统体育形式。该研究认为民间体育是流传于民间的,具有浓郁的民族特色和地方色彩,是传统的体育形式,这些特征使其严格地与近代竞技体育形式相区别。具有浓郁的民族特色和地方色彩的体育形式固然是民间体育,但是不具有民族特色和地方色彩的体育形式在一定条件下也应该是民间体育,而且近代竞技体育已经存在于包括我国民间在内的世界各地的民众中间(即民间),所以它也可以是民间体育。并不是所有的民间体育都是民族体育,民间体育的本质属性是由对民间的质的规定性所决定的,所以,民俗体育并不等于民间体育,用民俗体育来称呼民间体育的提法是不太恰当的。

但是无论是国外还是国内学者对传统体育概念的研究还都基本同意"传统性"是传统体育的一个基本特征。

民俗体育是多样性的运动和游戏的集合体,这个集合体的共同要素是在民众中形成风俗并与民俗文化有关。民俗体育既包括传统体育、民族体育、土著体育和游戏,也包括基于传统行为形成的新的体育活动,如酒吧游戏、非竞技性的散步等。民俗体育与现代体育相对应,更贴近"一切体育为大众"。

民族体育是由一定的国家、一定社会、一定族群、一定地区的民众所实践的体育活动,这种体育活动与他们的传统文化有着天然的联系并反映了这些民众特殊的文化认同意识。我国对民族体育概念的讨论非常热烈,学术界对民族体育概念的研究也取得了一些成果,由于对民族体育是否就是民族传统体育还没有形成统一的意见,因而国内许多学者分别就民族体育和民族传统体育的概念进行了研究。

民族体育的概念通常用来表述与世界范围内广泛传播的现代体育竞技活动相对的民间传统体育活动;民族体育是作为近代体育前身的一些民族民间体育及娱乐活动;把"民族体育"与"现代体育"相对应,或是仅以时间界限来界定民族体育,但这存在着逻辑关系上的问题,从概念的隶属关系看,民族体育作为上位概念,应该包括民族的传统体育和民族的现代体育。民族体育是传统体育,并都以时间界限为线索来对民族体育进行定义。此外,也有从横向的空间层面对民族体育的概念进行的界定,民族体育就世界而言,是世界各个民族保留的各自的传统体育项目和活动方式,如中国的武术、气功养生等;就一个国家而言,指本国民族的体育活动和活动方式。

从历史的纵向视角对民族传统体育概念进行界定,是国内当前主流的界定方法。对于我国而言,民族传统体育是指近代体育传入前我国存在的体育模式。民族传统体育是民族体育的主要组成部分,是历史时期的产物,是各民族体育活动方式的延续和保存,是各民族

体育运动生命力的再现,它是构成现代体育的"体育文化密码",是历史给予我们的重要体育文化遗产。另外,也有一些回避了时间的界限而从横向的空间层面对民族传统体育进行界定,如民族传统体育是指某一个或几个特定的民族在一定范围内开展的,还没有被现代化且至今还有影响的体育竞技娱乐活动;民族传统体育可概指某一个或几个特定的民族在一定范围内开展的,具有浓厚民族文化色彩和特征的传统体育活动;民族传统体育是指生活在一定地域的一个或多个民族所独有的,在人民大众中广泛传承的,具有修身养性、健身、休闲养生、竞技表演、观赏游艺、趣味惊险、民俗音乐歌舞交融特色的体育活动形式。

二、民间、传统、民俗、民族体育的关系辨析

在确定了民间、传统、民俗、民族等相关概念后,我们才能比较准确地把握民间体育、传统体育、民俗体育、民族体育等相关概念。由于民间是广大的民众中间的意思,民众外延的宽广性决定了民间体育也是一个外延极其宽广的概念。民众偶尔一次体育行为属于民间体育的范畴,如热爱足球运动的几个年轻人很偶然地相约在某个足球场进行一次足球比赛,那么这些年轻人的体育行为就是民间体育,但是,这些年轻人的体育行为是偶然发生的,不是传统性的体育行为,因此他们的体育行为也就不属于传统体育。而每年端午节期间在全国各地举行的龙舟竞渡的体育活动,是发生在民间的体育行为,因而是民间体育,而且这种体育行为具有鲜明的传统性,因此,它也属于传统体育的范畴。对于一定的体育项目而言,它在一定条件下开展可能是民间体育,但在一定条件下也可能不属于民间体育的范畴。换一句话说,民间体育主要是相对于高度组织化、制度化的体育活动而言,如奥运会、洲际运动会、全运会、单项体育组织开展的运动竞赛等,由于他们都是高度组织化、制度化的体育竞赛活动,因此,他们就不应该属于民间体育的范畴。但是,同样是这些运动竞赛项目,如果只是发生在广大民众的日常生活当中,由于它没有高度的组织化、制度化,因而,在这种情况下,这些体育活动就属于民间体育的范畴。如前面所说的几个年轻人踢的一场足球赛,甚至是一些单位、机关、学校组织的职工运动会、校运会都应属于民间体育的范畴。综上所述,所谓民间体育是指存在于广大民众的日常生活当中,没有高度组织化、制度化的体育活动。按照民间体育是否具有传统性,可以将民间体育分为传统体育和非传统体育两大类。

传统体育的关键在于其"传统"二字。传统体育可以是本地区、本民族或某个特定社会群体的民众所创造的、能够沿传和流变的体育事项,如产生于河南省温县陈家沟的陈氏太极就是由当地民众所创造并流传至今的传统体育项目,荡秋千就是由某一个民族所创造并流传的传统体育项目,而来源于古代战争的盾牌舞是由某个特定社会群体所创造并沿传和流变至今的体育事项。传统体育一旦被创造出来,既可以被创造这一传统体育的民众所传承、享用,也可以被其他领域、其他民族、其他群体的民众所传承和享用。传统体育既可以是已经被某个地区、某个民族或某个群体的民众所创造、沿传和流变的体育事项,也可以是将要被某个地区、某个民族或某个群体的民众所创造的并且能够沿传和流变的体育事项。事实上,传统体育的这些特征是由"传统"本身的特点所决定的。传统体育永远处于制作之中、创造之中,因此,以时间的界限来界定传统体育是不太妥当的。

传统体育是指人类已创造的和将要创造的能够经由历史凝聚而传承、流变的一种特殊的体育文化形态。目前，国内有许多学校都拥有自己的传统体育项目，或者有的地区某个体育项目水平比较高而成为该地区的传统体育项目，如湖北仙桃是"体操之乡"、湖南益阳是"羽毛球之乡"等，这里所指的"传统"并不是学术研究意义上的"传统"，在"传统体育项目"中，"传统"的意思更多是指这个项目的水平比较高，是一个优势项目。

民俗体育是民俗的一个重要组成部分，而民俗又是民间文化的重要组成部分，所以，民俗体育也是民间体育的一个重要组成部分。要比较准确地把握民俗体育的概念，关键是要把握民俗体育的本体属性。民俗体育的本体属性在于民俗的本体属性，民俗的本体属性在于其集体性、类型性、继承性和传统性。所以，民俗体育是由一定民众所创造，为一定民众所传承和享用，并融入和依附于民众日常生活的风俗习惯之中的一种集体性、模式化、传统性、生活化的体育活动，它既是一种体育文化，也是一种生活文化。首先，民俗体育是集体性的，它存在于一定的民众群体之中，民众既是民俗体育的创造者、享用者和传承者，又是民俗体育的载体；其次，民俗体育是一种模式化的体育活动，民俗体育的结构、程式在一定民众的日常生活中不断重复，并被他们所共同遵循，如龙舟竞渡在我国已经成为一种模式化的民俗体育事项；再次，民俗体育是一种传统性的体育文化，在时间上是一种可以世代延续的社会文化，在空间上也是可以传播和扩散的；最后，民俗体育是生活化的，它是一种生活文化，是依托于民众日常生活中的风俗习惯所传承的一种特殊的生活文化，民俗体育是民众日常生活的有机组成部分。

要对民族体育进行比较准确的定义，关键是要把握民族最根本的特征，由于民族最核心、最根本的特征是表现于共同文化上的共同心理素质，所以，无论是从纵向的时间层面还是横向的空间层面都难以对民族体育进行比较准确的定义。民族体育，即民族传统体育，它是反映并承载着一个民族共同心理素质的，为该民族所传承和享用的一种特殊的传统体育文化。

首先，民族体育是传统体育，因为民族体育的根本特征在于其民族性，而国内外学术界大多数认为一个民族区别于其他民族的最根本之处在于该民族的传统文化以及传统文化所蕴含和承载的深层次的民族共同心理素质，如民族凝聚力、民族认同意识等。其次，民族体育之所以是民族体育是因为它反映并承载着的是作为该民族的共同心理素质的一种传统文化，因为，在各个民族中，存在着诸多的体育文化形式，而只有反映并承载着该民族的共同心理素质的传统体育文化才是该民族的民族体育，其他的已经存在于该民族的体育文化则不属于该民族的民族体育范畴。最后，民族体育的传统性也决定了它是一个动态的、不断生成的一种体育文化，在近代以前产生的并反映一个民族的共同心理素质的体育文化属于民族体育，在近代以后产生的，甚至是在将来产生的，只要能够反映并承载着一个民族的共同心理素质，也应属于民族体育的范畴。

我国的民族传统体育是中华民族传统体育的重要组成部分，各民族传统体育一起组成了中华民族体育。

民间体育由传统体育和非传统体育组成，传统体育由民俗体育和民族体育组成，既然民族体育和民俗体育都是属于传统体育，就有必要理清民族体育和民俗体育之间的关系。民族体育和民俗体育都是人类体育文化的重要组成部分，民族体育和民俗体育可以形象地称作姐妹关系，只是两者的侧重点有所不同，民族体育注重的是反映并承载着一个民族的共同心理素质的传统体育文化，而民俗体育重视的是由一定民众所创造，为一定民众所传承和享用，并融入和依附于民众日常生活的风俗习惯之中的一种集体性、模式化、传统性、生活化的体育活动，它既是一种体育文化，也是一种生活文化。民俗体育和民族体育有交叉。但是，民俗体育并不等同于民族体育，因为民俗体育中也有不能反映一个民族共同心理素质，但已融入并依附于特定民众的风俗习惯的传统体育文化。

综上所述，民间体育、传统体育、民俗体育和民族体育之间的关系是：民间体育由传统体育和非传统体育组成，传统体育又可分为民俗体育和民族体育，民俗体育和民族体育互有交叉，但两者并不等同，而是并列的关系。

三、民族传统体育文化的系统

中国几千年的文化历史造就了其文化根性的博大精深，但同时也造就了其文化内涵、发展模式、传承机制的四平八稳。传统体育文化在这样一种母体文化土壤中诞生、发展，便拥有了特殊的特质、品位与意义。一方面，虽然各民族传统体育文化赖以产生的母体文化土壤已经弱化或消失，但其却顽强地沉淀于民族根性的基因中，并通过自身的文化系统树起一面迥异于其他体育文化的旗帜；另一方面，中国传统体育文化的承载与传承方式，从宏观上看，同母体文化一样呈现出"双轨道"的惯性表征：其一是以"器物和制度"的形式承载下来的，这种形式的遗存差不多构成了今天我们所能看到的传统体育项目和传统体育规则的全部内容，这就是器物实践化系统；其二是以"精神内涵"方式承载下来的，包括传统体育文化的特质、基本品质、精神内涵、体育价值取向和价值观念等。这种不是以"器物"或主要不是以"器物"承传的方式统称为"精神抽象化传承"。但如果从微观上看，中国传统体育文化，尤其是民族传统体育文化的传承过程远不止这么简单。一方面，中国民族众多，但始终以中原流域文化作为社会文化的中心，因此，那些在历史文化发展历程中的民族体育文化逐渐成为体育文化的一部分，并通过该体育文化的表达系统传承了下来，这就使得中原体育文化博采众家之长形成了内容广泛、形式多样的体育运动。另一方面，一直在本民族文化土壤中圈生的一部分体育文化，则按照自身母体文化或自身文化的表达系统延续至今。但在其发展历程中，大部分却因为客观原因，比如民族灭亡等而消失殆尽。传统体育文化的这两套传承系统虽然相辅相成，但也是相对独立的。因为它们一旦产生，便获得了相对的独立性格，并依照这一界定原则演绎着不同角色。"器物实践化系统"传承体育的内容和方式自始至终都蕴含融汇于人类的具体行为和社会行为之中，并通过人类的集体行为方式而具备了表达功能；其三是实体性和直观性。简单地说，"器物实践化系统"一旦形成，就必须具备实体化的形态条件，才可能完成其传承功能；同时，这种传承功能必须通过具体项目的实体化表现出来，也就是说，使"体育"获得了直观的效果。

这种相对独立性表现在"精神抽象化系统"的显著特性有以下四个方面：其一是滞后性。体育真正具备文化内涵的一个基本要求就是要具有一定的文化品质。器物和制度层面的体育形成后,必然会在群体的集体活动中反复实践,并通过母体文化检验和熏陶而成为该群体中普遍存在的一种价值意识和取向,也就是说,体育在不同的语境中被赋予了不同的意义,有了显性与隐性两个不同的内涵层面的时候,体育文化才算真正诞生;其二是融合性。体育文化的精神内涵一旦形成就要不断地经历角力和跌宕,不仅存在于母体文化界限之间的突破、融合与传承,更胶着在不同体育文化之间的冲突与融合。这一特性一方面造成中原体育文化传承历史的统一性和各民族体育文化传承历史多样性关系的复杂化,另一方面也使体育文化的精神内涵随着母体文化的不断发展以及时代的进步而不断丰富;其三是导向性。精神内核不但是不同体育文化具备不同现实特性的基点,而且也是导向体育文化发生发展轨迹的原始动力。它从根本上规定了各民族体育文化按怎样轨道进行传承;其四是理论性和抽象性。一方面,体育文化的"精神抽象化系统"一旦形成,就必须具备理论化的特征即文字集结功能,才可能完成其传承功能。另一方面,其必须上升为哲学的抽象系统,才能够表达人类对体育的价值认识和取向,也才能够使人类通过体育实践来表达一种积极的向往。

第四节 民族传统体育文化分析研究

一、民族传统体育文化与美

(一)民族传统体育美的产生机制及形成

民族传统体育在内质上趋向于艺术,一方面表现为自身内容和风格的高度艺术性,另一方面表现为和其他艺术的高度融合,这一切使民族传统体育美的内容更加丰富多彩,更加引人入胜。

1.民族传统体育美的产生机制

(1)民族传统体育美产生的物理价值因素

人类之所以具备这样而非别样的物理结构,归根到底是漫长的生物进化过程中客观自然选择的结果。但如果我们从审美本体角度讲,既然人类若干审美快感所产生的原因只能从人的肌体物理结构去解释,那么这种结构对审美关系的制约性意义便是不可忽视的。

(2)民族传统体育美产生的生理本能价值因素

所谓本能,无非人类为保存个体生命和延续种属生命而产生的那些基本生物机能和生理需求。作为生物体,生命对于人是最珍贵的价值存在,所以生存便成为人的最高目的,人的一切生理活动、一切心理或社会活动都直接、间接地基于本能生存需要。从这个意义上讲,生命对人类来说既具有本原的审美价值,又是若干审美价值的本原,由此所原生和衍生出的审美价值因素自然是广泛性存在的。

(3)民族传统体育美产生的生理潜能价值因素

在这里所说的"潜能"指存在于人类遗传生理结构中,不具有直接生理内驱力性质的潜在的生理需求或偏好感受能力。人类的这种先天好感倾向及感受能力并不一定被主体所感受,甚至可能终生未被"唤醒",但它却同样是一种客观存在,客体因适应这种潜能需求而获得审美价值,即生理潜能审美价值。

(4)民族传统体育美产生的似本能价值因素

所谓"似本能"需求,指在生物本能之上、有意识介入的某些源于但又超越生理生物水平的心理需求,以及相应的类似本能的无条件心理反应机制。它主要包括人类的模仿习惯以及对刺激、游戏的需求等。

模仿作为对其本能的无条件反射行为的补充,目的在于使机体较快地适应生存环境的要求。例如,民族传统体育运动中很多技能、技术的练习形式集中地表现在模仿劳动的各种游戏中;许多体育用品,如弓箭、标枪、石球、船等,直接就是劳动工具或武器;许多运动技能,如跑、跳、投掷、攀爬、游泳、划船、格斗等,直接就是生产和军事技术。体育就是从大量的生产劳动和自然动作中分化、提炼出一些有助于发展身体技能和能力的动作或练习而开始的。既然模仿已演化为"似本能"需求,那么"模仿"的审美标准显然没有某种绝对的"类"尺度了,但大体说来,近似的标准却仍然是有的,那就是"像"或形似或神似,像就是美,歪曲形象、走样则为丑。但需要指出的是,这一尺度仅仅适用于"似本能"模仿行为,包括某些对艺术模仿行为本身的评价,而不包含对模仿技能的评价。

2.民族传统体育美的形成

民族传统体育美是伴随着民族的形成、发展而产生的,它是各民族为劳作、征服自然、维护自我生存、强化自我形象而不断创造的智慧的结晶。在人类社会的早期,各族先民为了猎取食物,从实用目的出发,打制各种石器,来对付飞禽走兽,采撷木根花果,先民在此过程中或奔跑、或跳跃、或投掷、或攀登、或爬越,由此民族传统体育也就有了它最初的萌芽。在漫长的生活斗争和生产斗争实践中,人类对于自身力量逐渐有了一定的认识,于是那些擅长奔跑、投掷、攀登、搏斗的人就成了人们尊崇的对象,朦胧的体育美意识也由此而生。在原始社会的中后期,采猎的食物有所剩余,先民中有了闲散人员——老人和小孩及闲暇时间,并开始有目的、有计划、有意识地传授劳动技术和健身本领,出现了最早的教育。在这种教育中,充溢着对那些被尊崇对象的审美评价,再现着前辈们幸福的回忆和原始人伦关系,因此,教育美和体育美也就伴随着先民的教育活动而产生。

民族传统体育发源于民族历史生活的方方面面。各民族人民发明了民族传统体育,同时也创造了民族传统体育的美。它带着各民族特有的审美意识、审美标准、审美追求、审美愿望和审美情趣屹立于世界体育之林。

3.民族传统体育美的特征

我国民族传统体育的特点,决定了它别具一格的美的特征。

(1)展美形式呈多样性

我国历届民族传统体育运动会上,参赛项目都很多。从宏观上看,其运动项目多,审美的内容和形式必然丰富多彩。在类型上,既有竞技性运动项目,也有表演性和娱乐性运动项目,其美的内容包含有身体美、运动美、精神美,其展美形式表现在体形美、姿态美、要素形式美、技术战术美、表情美、语言美、行为美、服饰美、器械美和环境美等。从微观的角度看,多数运动项目也都表现出丰富的美的内容和多种美的形式。这是近、现代体育无法比拟的。

(2)美感丰富呈复合性

我国民族传统体育反映了人民对美好生活、崇高理想的追求,它与本民族的劳动生产、民间艺术、科学文化、道德风尚、风土人情,乃至除暴安良、保家卫国紧密结合,所展现的特点的多重性、内容的丰富性、形式的多样性,决定了其美感的复合性。

(二)民族传统体育美的分类及效用价值

1.民族传统体育美的分类

民族传统体育美是一种特殊的美,它的分类不能按一般美的分类来阐述,而必须按照民族传统体育的组成因素来进行谈论。民族传统体育由运动员、运动器材、运动场所及运动环境组成,所以我们也姑且以此为基础,把民族传统体育美分为运动体美、运动美、精神美、人格美、社会美、环境美等几个方面。

(1)运动体美

运动体美是指运动员本身所具有的美感,其中包括体美和朝气美两方面。参加民族传统体育的运动员,一般都是民族体质、文化的优秀代表。在他们身上,寄寓着一个民族在民族体质上的审美认可、审美标准和审美理想,体现着一个民族的精神面貌,因而,民族传统体育美首先表现在运动员的体美上。运动员的体美是运动员肉体美、姿态美的综合。肉体美主要是肌肉和骨骼的健壮发达、柔软弹性、肤色健康所显现出来的内在机能的美,它体现着运动员坚持锻炼、常在户外活动、接受阳光照射、发育正常等自我运动、自我塑造的本质力量;姿态美是运动员经过锻炼和正常发育而形成的匀称、和谐、曲线流畅、姿势优美的漂亮的体形。这是人体美的一个表现方面。还有一方面是运动员身上所表现出来的朝气美,它是通过生机能力的充实所表现出来的机体旺盛美,是生命的美、活力的美、能动的美,它展现着一个民族在特定的生活环境中长期塑造的与自然环境相适应的面貌,反映出各个民族对于自我机能的尊重、爱护和培植,在民族传统体育运动会上,运动员不论矮小精干,还是高大强悍,都是这种运动体美的直接表现。

(2)运动美

运动美是指运动员在民族传统体育中所表现出来的动作造型、技巧、韵律等方面的美。从大的方面来说,包括活动美、技巧美、表现美三类。其中,活动美又包括跳动美、力量美、速度美、节奏美、紧张轻松美、刚劲柔美等;技巧美含有变化美、安定美等;表现美主要指姿势美、造型美、动作结构美、情趣美。所有这些体育活动形式都从某一角度展现了民族传统体育各类运动美的内涵。人们在观看体育比赛或表演时,不仅能活跃情绪,一睹民族的创造成果,还能得到一种美的享受。

(3)精神美

精神美是在民族传统体育运动中表现出来的态度、意志、行为和力量的内在美,是一个民族传统文化长期塑造的结果,体现着一个民族特有的风貌。精神美大体包括热心美、专注美、庄严美、执着美、积极美、努力美、坚毅美、不屈美、献身美、果断美、机敏美、独创美等,反映在民族传统体育中,就是各民族人民对民族传统体育的关心和热衷,在运动中的积极创新、机智勇敢。

（4）人格美

民族体育运动中的人格美主要是指从事民族体育运动的人员的思想品质、道德情操、行为态度、理想趣味等所体现的人的价值美。美的人格是人的心灵的真、善、美的结合，是心灵美之见于行为美的感性实体，是具体人在涉及或参与体育运动时的具体行为准则。人格美大体包括爱国主义人格美、勇敢顽强人格美、乐于奉献人格美、公平竞争人格美、文明礼貌人格美、遵纪守法人格美。

（5）社会美

民族传统体育中的社会美是指体育运动中人与人及人与集体之间那种社会关系的美。体育运动不是单纯的自我娱乐活动，而是参加者置身于整个体育活动，且要与他人发生相互联系的活动，特别是一些集体运动，这种联系就更为突出。参与民族传统体育的人员首先是一个社会因子，他的一举一动都代表着一个民族的利益，因而他有责任和义务来承担或体现一个民族或民族部分集团的集体形象，在体育活动中表现出对一个民族或集团的责任美、献身美和品德美。这在民族传统体育中，特别是在与其他民族竞技的民族传统体育中表现得极为突出。当民族传统体育是以集体形式进行表演或对抗比赛时，这种社会美就表现为集体的纪律美、合作美、统一美、协调美、牺牲美、竞争美和真善美、团结友爱美。一般来说，举办体育运动会也是以这些美为宗旨的，目的就是为增进相互间的交往和了解，加强民族间的友爱和团结，促进民族的繁荣和强盛。

（6）环境美

在对环境进行审美的过程中，是注定要加入人的情性的。同外国人不同，中国人在审视环境美时，特别注重主观情感审美活动的主导性作用，常常将情感与自然景物紧紧地联系起来，使自然景物人格化、情感化，因此自然万物也就具有人的思维、人的行为和人的喜怒哀乐等情感。民族传统体育较其他体育活动有一个更为突出的美的内容就是环境美。

2. 民族传统体育美的效用价值

任何美的事物都有它特定的效用价值，否则美的意义也就无从说起。民族体育美是各民族人民在长期的生产斗争、生活斗争中总结创造出来的一种美的形态，它体现着一个民族的心理意愿、生活追求、价值取向和生存方式，具有相当高的效用价值，特别是在一些生产方式落后、文化还不很发达的民族地区，它的效用价值就显得更为突出。

（1）表现在娱乐鉴赏上

民族体育首先是一种娱乐竞技活动，它以娱乐鉴赏为其最主要的目的（古今亦然）。它所表现出来的美，从根本上说是为了娱乐，为了让民族得到美的享受，而且效果也的确是这样。

（2）利于民族素质提高上

民族体育美从主观上说是为了娱乐鉴赏，在客观上却起到了对民族体质文化和精神文化进行刺激的效果。它的演示对激发民族提高健康水平，加强劳动或生活技能的锻炼，开发思维和智力，丰富精神和情感，活跃文化生活，以及提高民族身体和文化素质，有着积极的推动作用。

（3）对他人或后代的培育上

民族体育美虽然是一种无培训的自然传承，但它所体现出来的美，通过大众传播，相互间的耳濡目染，可以自觉不自觉地对观众和后人起到一种启蒙、教育作用。它通过美的形式，把美的思想、美的追求、美的意志、美的知识、美的技能，自然地传授给他人或后人，从而达到保存传统、培育后代的功用目的。

（4）社会价值上

民族体育美一个重要的组成部分是社会美，这种美的价值就在于加强民族的心理共同感，陶冶人们的情操，增进人们的道德修养和社交能力。它通过美的表演，向人们揭示种种人生哲学和社会规律。例如，只有根植于本民族的土壤才能有生命力，只有献身于社会才能体现出自我的价值；团结就是力量，步调一致才能获胜等。从而感召人们向重礼仪、守秩序、持正义、勇献身、勤合作、利统一的方面发展，进一步增强民族族内与族外的共振，达到民族内聚和族间团结的目的。

3. 民族传统体育与自然美和谐共融

所谓自然，指的是作为自然科学研究的有机界和无机界，是作为人的感性所及的自然环境的自然美。那么什么是自然美？怎样的自然才是美的呢？自然之所以美，是因为它"动人""引人入胜"；相反则令人索然无味。不言而喻，自然美只存在于人与自然的关系之中，只有仔细聆听、回味那一首人与自然遥远而古老的曲子，才能探索出自然美的秘密。

在人类社会的早期，在人与自然的关系中，人仍然是一种社会性和自然性的统一体，人的本质也同样包含着社会本质和自然本质两个部分，那时和文明社会相反，人的自然性和自然本质处于主导地位，而社会性和社会本质则是为自然性和自然本质的实现而服务的，也就是说，是围绕着当时人们的吃喝、栖身、安全、繁衍后代等自然性质的需要而展开的，是围绕人类自身的生产和再生产而展开的。不过，人毕竟有别于其他动物，自人类诞生之时起，人和自然之间就有了实践关系和认识关系的萌芽，这株"幼芽"最初是那样的柔弱，实践活动具有"偶然"的性质，是动物习性的延续；认识活动的视野十分有限，受到动物心理的影响。逐渐地，实践活动有了明确的目的性，成了一种"自觉"的活动，同时人们还开始对自然的特征和变化规律有所了解，从而调整自己的步骤和方法，这就是所谓的"自由"。于是，大自然不再是自在的大自然，不再是与人隔绝或对立、统治人的自然，而成为人化的自然，这就是所谓的"自然人化"，此时万物有灵的观念开始产生，自然的一切有了灵魂和生命，纯粹的自然开始变成五彩缤纷的美丽世界。

（三）发展民族传统体育的意义

发展民族传统体育有利于弘扬"遵纪守法、为国争光、无私奉献、科学求实、团结协作、顽强拼搏"的中华体育精神，有利于巩固和发展平等、团结、互助、和谐的社会主义民族关系，有利于全面建设小康社会、构建和谐社会。

1. 弘扬民族传统体育有利于发展和谐民族关系

一个民族为了自身利益和求得自身的发展，总是需要和其他民族发生联系，进行交流，取长补短。民族传统体育作为一种媒介，发挥着民族间联系和交流的纽带作用。各民族借体育盛会欢聚一堂,既振奋民族精神,也将各族人民紧密地联系在一起。民族传统体育作为联系民族感情、加强民族团结和提高民族凝聚力的一个重要途径,随着人类的进步和时代的发展,对发展和谐民族关系将起到越来越重要的作用。

2. 弘扬民族传统体育有利于增强民族凝聚力

一个民族作为社会的一个群体,有同一信仰和文化,为了让民族内各人民紧密地联系在一起,追求和增强共同的群体意识,就必须寻求一种良好的手段,而民族传统体育就是这样一个有效手段。随着人类的进步和时代的发展,这种手段的作用尤为明显。民族传统体育作为一种媒介,发挥了民族间联系和交流的桥梁与纽带作用,成为联系民族感情、加强民族团结和提高民族凝聚力的一个重要平台。

3. 弘扬民族传统体育有利于促进民族互助

各民族共同团结奋斗、共同繁荣发展是通过互助实现的。互助是民族关系充满活力的表现,其特点是各民族之间相互依存、联系日益密切。我国各民族之间互助、平等、团结是共同繁荣发展的基础。各民族之间的互助,保持文化多样化、生态多样性、资源多样性是国家统一、维护全局利益和构建和谐社会不可或缺的。在民族传统体育活动如舞龙、舞狮、踩高跷、龙舟竞渡、斗牛、拔河、赛马等比赛中,参加比赛者除了进行激烈的竞争外,集体内各成员相互配合和协作,往往是取得胜利的关键。即使旁观者也都难以作为局外人,他们自觉或不自觉地进入角色,为自己集体欢呼鼓劲或沮丧惋惜。弘扬民族传统体育有利于互动交流,激发全社会创造活力,促进国家和谐发展以及社会文明进步。

4. 弘扬民族传统体育有利于形成共同的民族心理和民族精神

认同感是一种使其成员对某些人比对另一些人感到更亲近的情感,是使人们聚合在一起的情感,是在伦理观念、价值观念相同的同一文化背景下形成的。民族传统体育活动具有悠久的历史和丰厚的文化底蕴,加之地域性和民族性等基本特性,使其成为培养民族认同感和民族精神的有效形式。民族传统体育活动起着使本群体、本民族认同的作用,并能增强内部的亲近感。许多民族从其成员孩提时代开始就进行民族传统体育锻炼,通过民族体育活动增强民族认同感。我国种类繁多的民族传统体育活动是各民族群众广泛参加的群众活动。民族传统体育运动能长期得以保存,就是民族认同感的直接体现。

5. 弘扬民族传统体育有利于国民身体素质的提高

民族传统体育活动同其他体育活动一样,都是以身体练习为基本手段,利用日光、空气、水等自然因素,综合卫生措施来促进人身体形态的发展、提高人的生理能力水平、全面发展人的身体素质和运动能力、促进人的心理器官——大脑的发展,所以,我们只要坚持经常适度的身体运动就能够增进身体健康。全民身体素质的提高,不仅是当今构建和谐社会的需要,也是我们中国强大的标志之一。

6. 弘扬民族传统体育有利于国民的身心健康

人的心理健康,通常指一种积极健康的心理状态——有丰富的情感、高尚的情操、良好的意志品质、豁达开朗的性格及健康的兴趣爱好。人的心理健康状态不是与生俱来的,要靠外练内修而获得；人的心理健康状态又是动态变化的，即人的心理可以从相对不健康变得健康，也可以从相对健康变得不那么健康。要保持人的心理持续健康状态，就要坚持外练内修，而坚持参加民族传统体育活动，无疑是获得并维护心理健康的有效途径和手段。

7. 弘扬民族传统体育有利于德育实效功能的发挥

公民道德建设要求以活动为载体强化道德要求，提高德育实效，而民族传统体育本身蕴含着丰富的道德内容，如爱祖国、爱人民、集体主义、组织纪律性等，所以民族传统体育活动就是传播、培养各族人民高尚道德最好的载体，特别是民族传统体育竞赛活动中的礼仪性熏陶，是公民道德情感升华最有效的途径，在体育赛事礼仪活动的熏陶下，不仅使体育活动的参加者个体品德、情感得以升华，也激励着体育赛事观赏者的品德、情感的升华，如摔跤、骑马、射箭等民族传统体育项目中就蕴含有不畏艰险、豪爽刚毅、团结拼搏等高尚道德内涵。总之，民族传统体育活动以它深刻鲜明的文化内涵，特殊的组织形式，得天独厚的体育行为规范、规则及其诚信文明的礼仪程序在提高德育实效上起着特殊的甚至是其他教育活动不可取代的作用。

8. 弘扬民族传统体育有利于维系日常礼俗，提倡"尊老敬上"的传统美德

民族体育文化被人们创造出来以后，参与并构成了人们的生活文化环境，并且反过来影响人的自我发展，发挥着教育和培养功能。人们在参与的过程中，体质得到锻炼，性情得到陶冶。

我国素有"礼仪之邦"的美誉，在日常生活中保持和盛行着许多古朴淳厚的优良礼节和习俗。这些礼俗在日常生活及生产过程中，通过长辈言传身教，潜移默化地影响着后辈。

(四)民族传统体育在发展过程中的战略

民族传统体育是两千多年来在中国的土地上由56个民族集体创造、融会后的产物，充分体现了人与大自然融为一体的自然属性。民族传统体育是具有各民族特色的养生、健身和娱乐体育活动的总称，属于我国体育文化领域中的亚文化范畴。从我们民族传统体育的角度来说，社会的和谐就是要求民族传统体育内部要和谐发展，即其子系统如射箭、武术、摔跤、赛马、秋千、划龙舟等要有长足全面的发展，形成一种科学健康的蓬勃发展之势；民族传统体育作为一种产业，在和谐的社会环境里，要处理好与政治、经济、文化等的关系，并作为一个整体健康发展，成为我国现代化文明中独特亮丽的一道风景线。为使民族传统体育更具有民族风格、地方特色和时代精神，真正让群众喜闻乐见、广泛参与，发展民族传统体育势在必行。发展民族传统体育从总体上来讲，必须贯彻党和政府"平等、团结、进步、繁荣"的民族政策及"积极提倡、加强领导、改革提高、稳步发展"的民族传统体育工作的指导方针。党和政府的民族政策及关于民族传统体育工作的指导方针，是民族传统体育建设和发展的保障。

1. 建立和谐民族传统体育与社会发展的双效互动机制

坚持与时俱进，就是要体现时代性，把握规律性，富于创造性。在和谐民族传统体育的

构建中坚持与时俱进,遵循经济社会发展的规律、人类社会发展的规律和体育自身发展的规律,体现构建和谐社会的基本要求,创造性地开展体育工作。在构建和谐民族传统体育的过程中,尤其应注意理清和谐社会与和谐民族传统体育的关系,明白和谐社会是和谐民族传统体育赖以生存的土壤,和谐民族传统体育是和谐社会的有机内核。和谐民族传统体育的构建既不能超前,也不能滞后于和谐社会的构建,而应该与和谐社会的构建同步推进。因此,国家应努力构建和谐民族传统体育与和谐社会的双效互动机制,以和谐社会的构建促进和谐民族传统体育的构建,以和谐民族传统体育的构建推动和谐社会的构建。

2. 理论总结、指导实践、促进发展

为使民族传统体育广泛开展、长盛不衰,我们应对大量的民族传统体育项目,从强身健体、育心、育德的角度加以理论总结。为确保民族传统体育顽强的生命力,我们还必须借鉴现代新兴科学,如食品与健康、气候与锻炼、生活方式与心脑血管疾病、体育与社会、体育与心理等方面的研究成果对民族传统体育项目加以科学总结,促进和谐社会的构建。

3. 扩大交流、增进往来、促进发展

民族传统体育具有浓郁的地域特色,如"北人善马,南人善舟。"不同地域、不同民族的传统体育活动,又充分展示出本民族的风韵及性格特征。各项民族传统体育活动,虽源于不同地区、不同民族,但当代中国交通便利,民族间经济、文化交流频繁,民族传统体育,特别是那些不受人数限制,不受场地、器材制约的大量的民族传统体育项目,完全能充分利用时代为我们提供的跨越时空的大平台,因地制宜地采用多种形式,扩大交流和往来,在交流往来中实现性格互补,取各家所长补己所短,共同发展,在交流往来中发展民族传统体育,加强民族团结,共建和谐中华。

4. 吸纳多种艺术形式于民族传统体育之中

民族传统体育是一种综合性的民俗文化,它包含着各民族人民的价值观念、伦理道德观念、审美情趣、思维方式以及行为模式等。文化内涵既丰富又深刻。所以我们在整理、继承、改造、提高民族传统体育时,要吸纳多种艺术表现形式(如音乐、美术、诗词等)于民族传统体育之中,不仅要科学规范各项民族传统体育活动的动作技巧、完善竞赛规则,而且要配合动作谱曲、填词,设计好表演、竞赛的服装、道具等,使民族传统体育呈现出综合艺术效果,强化民族传统体育的艺术价值和欣赏价值。经过这多方面艺术表现形式优化整合的传统体育活动项目,在参与体育活动,特别是在参与体育盛会时,不仅能向人们充分展示本民族传统体育的民族特色和民族风采,而且能渲染出一种团结向上的气势,展示出一种拼搏奋进的力量,使参与者、观赏者在跌宕起伏的旋律中,在或舒缓活泼或高亢奔腾的乐章里,进入诗词的意境,陶冶性情。

5. 和谐社会需要民族传统体育

"和谐社会,以人为本。"构建社会主义和谐社会,在本质上就是要处理好人与自然、人自身、人与人三方面的关系,民族传统体育在促进上述三个关系的和谐方面发挥着巨大的作用。民族传统体育促进人与自然的和谐。自然的魅力和人们追求完美生活的理想，激励着越来越多的人投身于符合生态和人体生命节律的民族传统体育运动中，追求在自然界博大的胸怀中，告别紧张疲惫的自我，塑造出一个生机勃勃的"新我"。跳竹竿、龙舟竞渡、大象拔河、跳月、锅庄、东巴跳、野营、登山、攀崖、帆板、滑雪等各种民族传统体育活动，都是以回归自然为主要特征的，它使人们认识到，参与体育运动不再是少数优秀运动员的"专利"，在大自然的怀抱中，每个人都能够成为运动健将。在当今全球性环境恶化之时，民族传统体育还将有助于人们重新认识自然、尊重自然和保护自然，从而成为沟通和发展人与自然之间和谐关系的一个重要媒介，它是人类直面现实的结果，因此民族传统体育运动的发展，对人类健康乃至对社会进步都具有十分重要的作用。

民族传统体育促进人自身的和谐。人是社会发展的主体，人自身和谐是社会和谐发展的根本前提。从根本上说，人自身的和谐就是要实现人的自由全面发展，就是要有健全的人格，有正确的世界观、人生观和价值观，能正确地处理个人与自然、个人与社会的关系，真正融入自然、融入社会、融入集体。在民族传统体育运动中自身潜能的释放和创造，能证明自身的力量和智慧，显示出人的伟大和民族的精神力量；运动者在活动过程中所表现出来的乐观、自信、朝气和活力，使其人性与人体更加完善，人格更加健全，进而获得人自身的和谐。

民族传统体育促进人与人的和谐。"和谐"最核心的问题是人与人的和谐。人与人的和谐，在很大程度上决定着是否有公正的环境、规则、条件和机会，其本质就是一种利益关系。只有妥善协调和正确处理人们之间的各种利益关系，人们才会心情舒畅，才会奋发向上，才会相安无事。从人类健康的角度看，民族传统体育并不着眼于人与人之间的排他性对抗和竞争，而是在公正、公平的环境下，进行强身健体、陶冶情操的一种自我保健运动，不存在人与人之间利益的冲突，因而消解了由于竞争而可能引发的对抗和不满，进而带来因展示自我的能力而产生的更温和也更令人满足的体验，增加人与人彼此之间的交流和友谊，使人与人更加和睦、融洽。由于民族传统体育是人们自觉地与自身的能力进行挑战的一种方式，因而它能有效地杜绝与人的健康相背离的一些社会现象发生，使人们彼此之间更加信任和包容，使人与人之间更加和谐。

总之，和谐社会是我们追求的一种理想社会，是我们当前立志建构的目标社会，其本质是协调和健康发展，强调的是一种和谐发展的主旋律。它将是我们进行社会主义现代化建设的一个长期目标，其过程将是复杂和曲折的。

第二章

民族传统体育的体系构建

第一节 民族传统体育的功能和特征

一、民族传统体育文化生态圈结构

民族传统体育作为传统文化的重要构成要素,倍显民族精神和特质的标志,在发展历程上,折射出了从生产到生活、从工具到玩具的文化理念的变迁。梳理和构建民族传统体育现存的文化结构、探析民族传统体育的文化价值属性和对民族传统体育文化元素的挖掘、加工、整理、提炼,有助于民族传统体育精神的弘扬,迎合了民族传统文化资源向文化产业转变的需求,这对"附着"于民族文化背景下去重新审视民族传统体育、提炼民族在特殊的自然和人文生态背景下的"休闲价值观",都具有突出的价值和意义。这种集教育、艺术、娱乐、健身、休闲于一体的特殊民族文化要素,具有民族凝聚力和民族融合功能。研究认为,民族传统体育的文化涵盖"原生常态"层、"民风、民俗标识"层和"竞技规范"层。各层次又包含不同的层次文化。

（一）原生常态文化层

在民族传统体育原生常态文化层中,包含着各民族生产劳动之余的休闲娱乐文化、生产劳动技能传承文化和民族优良品质承传文化特质。我们将这一层次称之为"原生常态"文化层,也可以称为民族的"元素"层。它呈现出一种"原生"性,作为一种"元素",它相对孤立地依附于民族文化背景上,也体现着各民族特有的或与其他民族相交融形成的依附性特征。如传统体育项目斗牛、斗羊和斗鸡在"原生常态"层面上,其实质是人们为了达到选择最佳优良畜种的目的,扮演着民族传统体育为生产劳动服务的角色。对于民族优良品质的文化承传而言,原生民间竞技游艺活动,便凸显出了这一特征。如摔跤,胜者不会故意去伤害负者,负者也不会去纠缠胜者,不会因为输赢而影响"情绪",正所谓"伤身体不伤感情"。对于生产劳动之余的休闲文化而言,场地、器材和人们的休闲娱乐方式,均为"常态"。老百姓借用休闲的时间在河边、山坡、自家晒场进行的诸如"三三棋""六子冲"之类的项目,多直接借用天然的条件进行(就是棋子也是一方用大的石子,另一方用小的石子),其乐趣可与象棋和围棋相媲美。这种没有任何修饰的民族传统体育项目,更多体现的是民族传统体育扮演老百姓生产劳动之余的休闲娱乐方式,展现了民族文化教育与承传的重要内容和民族优良品质承传内容的重要功能价值。

（二）民风、民俗标识层

民风、民俗标识层,可认为是通过一定形式的组织,在"原生常态层"的基础上,通过对各类竞技游艺项目的加工和改造,借助民族文化节、民族节日庆典等重大活动彰显的一种民族体育文化"标识"。在国家倡导民族文化资源向民族文化资本转变的背景下,可作为旅游者参与和观赏的特殊"旅游符号",展示和体现出该民族的时代文化特质。现代旅游是人民物质文化生活达到一定水平后的一种复杂文化现象,是人类和谐、和解、和睦、和平的重要标识。来自不同国家和地区的旅游者对民族文化的寻新猎奇,正丰富和拓展着人们对传统旅游所寻求的"白天看庙,晚上睡觉"的"走马观花"式的旅游形式。旅游生产者如何借助各种原生态自然和人文旅游资源设计和生产出契合旅游消费者需求的产品,是旅游策划和规划者应考虑的重要内容。通过对传统体育项目塑造、提炼和浓缩出自身独特浓郁的文化价值属性,是旅游者对民族文化资源寻新猎奇的重要"符号"和"标识"。如竞赛运动项目民族式摔跤、马术等,其展现的民族风貌特点突出,内容健康,彰显了民族传统体育文化集体性、民族性、娱乐性、表演性、观赏性、地域性的特征,能充分体现民族传统文化的内涵和精华。这些民族传统体育的加工、整理、推广,迎合了人们在旅游过程中的观赏和参与需求。若能将民族传统体育项目作为西部体育旅游的重要内容和形式,并施行"绿色营销"旅游产业战略,对以现代手段促进民族传统体育的可持续发展可谓意义重大。

(三)竞技文化规范层

竞技文化规范层是在"原生常态层"和"民风、民俗标识层"的基础上,通过提炼和升华部分民族传统体育项目,采用现代体育的发展思路和运营模式,以建构民族体育的现代化范式,包括各类型民族传统体育规则的现代化、民族体育道德精神的时代化、民族体育文化特质的品牌化。我国民族传统体育运动会的设置为各民族文化的展示和交流提供了平台,是诠释构建我国和谐民族关系和体现新型民族关系特征的重要载体。从竞赛和表演项目设置和递增的情况来看,在竞赛项目规则制定上多沿用和借用现代竞技体育的发展理念,表现出竞赛的规范性。表演项目的递增和展示,充分体现了最大限度地承传、弘扬各民族的传统文化,最大限度地挖掘各民族休闲意识、休闲价值观以及身心健康发展的具体方法和举措,它凸显的功能价值是伴随和谐社会构建背景下,民族传统体育作为一种非主流文化向主流文化的迈进,也为民族地区和谐社会的构建扮演了重要的个体生活——休闲玩具的重要角色。竞赛表演时须用本民族音乐伴奏,运动员必须身着民族服装,器械要根据各民族特色来选择。这充分说明,民族传统体育运动会不仅展示了各民族丰富的文化内涵,还促进了各民族政治、经济、文化的近距离聚焦,对民族的关系交融有着十分重要的意义。

通过对民族传统体育文化圈的结构层次及其功能价值的透视,若能让民族传统体育在三个层面上产生更大的互动,其互动的程度越大,其民族传统体育的文化内涵越清晰,就越容易唤起各民族对自身民族体育文化的保护意识和自身对民族体育文化的觉醒;其互动的速度越快,就越容易从民族传统体育的保护、加工、改造、提炼和升华从实际操作层面上得到落实。让民族传统体育在三个层面上共同凸显其"文化标识",这种"标识"的程度越高,就越能清晰折射出民族的文化内核,就越能从多层面凸显出与其他民族的交融性,就越能高度浓缩出自身的民族文化特质。这对民族传统体育自身的发展,对和谐社会构建背景下民族传统体育所扮演的时代功能价值意义重大。我国民族传统体育运动会设置和发展历程为各民族文化交流和展示提供了平台,也是构建我国和谐民族关系和新型民族关系特征的重要载体;以现代手段挖掘、保护、加工、改造民族传统体育项目,并将其作为一种重要的民族文化产业来开发和利用,对促进各民族政治、经济、文化、生态等方面的多维交流意义突出;将其作为老百姓生产劳动之余的休闲娱乐方式、民族文化教育与承传和民族优良品质的承传的原生常态层面上的重要内容,对提高老百姓的生活质量意义巨大。我们应对民族传统体育的发展投入更多的人文关怀,研究从"常态"到"规范"的发展途径和方式,若能在这几大层面上的开展过程中,将民族传统体育项目更好的镶嵌其中,结合国家西部大开发的宏观性政策举措,结合和谐社会构建背景,对民族传统体育项目的挖掘、抢救、保护,为民族更好地展示独特的体育文化特质,凸显其时代功能价值,对和谐社会的构建价值和意义是巨大的。

二、民族传统体育文化社会文化价值功能

价值是客体对主体的效应。所谓价值,是指客体对主体的价值。没有客体,就不存在客体的价值。所以,价值客体的存在是产生价值的基本根据之一。客体作为一个系统是多方面的、多层次的,真正作用于主体产生实际效应的是客体结构、层次、属性、功能与文化内涵。客体对主体的作用,实际是客体结构、层次、属性、功能与文化内涵对主体的作用;客体的属性是客体的一定的结构和层次的性能;功能则是客体结构、层次、属性的能量的集中的表现。所以客体属性与功能不能离开客体的结构、层次而存在,客体及其结构、层次是其属性与功能的载体。客体对主体的作用,实际上是客体属性与功能对主体的作用,客体的价值就是客体属性与功能的价值。

价值是客体对主体的效应,没有主体,也就没有对主体的价值,就根本谈不到价值。价值主体是价值活动中主动地作用于对象的人,包括社会、群体和个人。人所创造的一种体育文化现象和文化要素是否有价值,关键是看它怎样解决人的存在和发展的问题。古代社会中,民族传统体育文化现象的价值关键在于它是否符合这个群体、族类的生存和发展的利益,古代民族传统体育的生存技能传承和军事技能的发展都是有利于族群的生存和安全的。在现代社会中,民族传统体育文化价值关键在于它如何维护人性的发展。我们说民族传统体育文化的价值在于是否有利于人性的发展,这一点是必须承认的,但并不能因此忽视社会文化体系中民族传统体育价值评价的多样性。具体的民族传统体育文化现象,在不同民族、国家的价值体系中,会显现出不同的价值表现,有的甚至完全相反。价值依据除了客体因素外,还有主体因素。

价值作为系统,是客体的结构、层次、规律、属性、功能与主体利益、需要、知识、能力、情感、意志相互作用的结晶,是主体因素与客体因素相互作用的统一。或者说,价值就是以客体功能为主要表现的各种客体因素与以主体利益为核心的各种主体因素的相互作用的产物。价值系统形成的基础是价值活动,价值系统中主体居于主导地位,客体也是产生价值不可缺少的重要方面。

(一)民族传统体育文化彰显着独特的意义和价值

民族传统体育的经济价值开发不容忽视。中国具有丰富的民族体育文化,体育项目与节日活动种类繁多,单从数量上来看就比国外有明显的优势。将民族传统体育与旅游相结合,既能够让人们亲身经历民族体育文化的神秘与魅力,感受民俗风情,也能推动当地旅游经济的发展;民族传统体育与体育产业相结合,能够刺激与此类项目相关的体育产品、文化产品的消费,扩大民族传统体育产业的消费市场;民族传统体育与医学保健康复相结合,其简单易行的特点和强大的健身养生功能在物质文明和精神文明建设中起到了重大的作用,

同时也为民族传统体育项目的消费市场开辟新景。丰富的民族体育文化潜在的消费市场是不可估量的,但目前国内民族传统体育资源开发现状却不容乐观。在当今社会体育和全民健身蓬勃发展的背景下,民族传统体育项目却呈现出萎缩的趋势,在经济市场的开发、体育资源的利用等方面仍存在许多不足。

(二)中国民族体育从起步到发展经历了巨大的考验

中国由体育弱国发展到体育大国,再发展为体育强国,民族传统体育功不可没。彰显了丰富的民族文化与强大的民族精神,增强了体育活动参与者的民族意识和爱国主义责任感,维护了民族自尊。中国民族传统体育文化是中国屹立于东方、成为东方强国的积极推进因素,民族传统体育可起到振奋民族精神、唤醒民族自豪感、增强民族凝聚力的作用。民族传统体育文化作为一种与国外交流的信息,是中国外交的一种手段。例如,武术因其独有的魅力,广受西方人的喜爱。体育作为一种肢体语言,在任何地方和任何人交流都不会有障碍。它可促使世界各地的人们更好地了解中国,巩固中国在世界政治文化中的地位。

(三)在礼文化约束下的中国传统体育以德、仁等伦理道德标准为前提

强调"和谐"的理念不仅突出、强化了奥林匹克主义原有的和谐思想和弘扬了奥林匹克的人文精神,重新彰显了人本主义的价值取向,同时也为处理、解决现代奥林匹克运动面临的种种问题和诸多矛盾提供了解决思路与方法论基础,对当代奥林匹克运动的改革与发展具有重大的理论意义和实践价值。中国民族传统体育项目,是以强健体魄和娱乐身心为主要目的,自古至今民族传统体育都在民间广为流传。我国历史上盛行的体育项目种类繁多,蹴鞠、捶丸等经过改造与发展形成了现代体育项目。这些项目最早创立的初衷也是强身健体和娱乐身心。人们在体育活动中,可以锻炼自己的感知器官,实现愉悦身心的目的。民族传统体育中观赏性和娱乐性项目内容丰富,各种球戏和杂技仍广为流传,被保留在民间与艺术的大舞台上。民族文化反映了民族的人文理念和价值取向,促进了民族团结,提高了民族凝聚力。因此,民族文化是和谐文化的重要组成部分,并且以它丰富的内涵影响着和谐文化的建设。社会道德风尚在中国传统"礼文化"的影响下形成,赋予道德和伦理关系新的属性。在集中力量建设和谐社会的今天,民族传统体育文化具有突出的伦理道德教育作用。重要的一点是这种功能有着极强的影响力和持续性,有着独特的社会价值。这种社会价值在人们日常生活中体现并规范着人们的行为,稳定着一个民族的价值取向,教化和熏陶着民族的精神。

(四)体育文化是人创造的,它受人的属性的制约

体育文化一旦被人创造以后,它就与其他各种具体的文化共同形成人类生活的文化环境,并反过来影响和制约人们的生活。中国民族传统体育文化是中国文化的重要组成部分,伴随着中华民族绵延繁衍数千年,对社会的稳定、文化的承传起到了功不可没的作用。在时代传承的积累和发展过程中,兼蓄了深邃的哲理、广博的知识、众多的层面,可谓理深意丰、多姿多彩,是一些其他文化项目所难以替代的。长期形成的东方特色的健身体系,内涵丰富的人体文化体系在当代社会发展过程中仍然显现着不可忽视的社会文化功能。以武术为突出代表的传统体育项目,其练功习技的动作技法标准,不仅规范着具体的动作方法和要求,

还演绎成为人们日常行为和为人处世的道德标准。其中"技缘形生、法依攻防、意气劲形、内外合一、相反相成、反向相求"是指导武术实践的共性规律,人们在参与过程中必须以此为准绳,才能把握武术的动作特征,实现习武的身体练习目的。同时满载着中国古典人文、道德理性及和谐统一的精神也得到了有效灌输,以此实现强身健体、修身养性的双向效应,展现出民族传统体育文化的社会文化教育、培养功能。

舞狮、舞龙、赛龙舟等集体项目,根据各民族的生活习俗和环境代表着不同的精神寄托和文化意境,但有一点是共通的,那就是活动参与过程中都能感受到群体凝聚在一起的力量,产生一种归附群体的情感,人们会在合作中相互理解、彼此帮助、消除隔阂,利于族群、社会的稳定,体现出了传统体育文化的一种社会调节与凝聚作用。这些具有浓厚民族气氛的民间集体项目,在当前我国社会转型过程中尤为重要。由于人们的价值观念、道德观念的改变,直接影响了人们的思维方式和行为方式,但当他们汇聚到一个拥有共同的目的且具有浓郁乡土气息的群体活动中,会使人们有一种精神的放松和满足,起到一定的引导和缓和矛盾的作用。此外,还有诸如射箭、风筝、毽球、摔跤、骑马、秋千、抢花炮、射弩等各具独特魅力和民族风情的项目,在满足人们兴趣、需要的同时也起到了实用有效的强身、健体、娱心的锻炼作用。

三、民族传统体育文化的特征

(一)我国民族传统体育文化具有较强的地域性、民族性与民俗性

我国的民族传统体育文化的地域差异非常明显,生活在草原的游牧民族创造了赛马、叼羊、骑射等传统体育项目,居于山地水乡的民族创造了赛龙舟等运动,居于东北的民族创造了许多与冰雪有关的体育项目,这些差异彰显了我国民族传统体育文化的地域特征。此外,每一个民族的传统体育项目都蕴含着本民族独特的"基因密码"。

我国民族传统体育文化的多元性是体育文化本身具有广泛民族性的结果,"十里不同风,百里不同俗"这句话也说明了我国民族文化不同的民俗特征。我国民族传统体育活动的开展还受民俗语境的限制,许多体育项目的开展都是在民俗节日进行。赛龙舟活动通常要在端午节进行,抛绣球要在每年的春节、三月三、中秋节等传统节日进行,而舞龙运动也通常要在节日庆典时进行,民俗语境也是农业文明的产物,为了适应生产,古人遵照自然规律创造了独特的历法和岁时节日,历法中还设立了反映季节变化的二十四节气(立春、雨水、惊蛰、春分、清明等),春节等传统节日也直接反映了农业社会的生产规律。在特定的时节内进行特定的体育活动,不同的民族在各个民俗节日中举行的体育活动也各有差别,体现了我国民族传统体育活动的鲜明民俗特征。

(二)我国民族传统体育文化倡导和践行"苦行主义"精神

我国民族传统体育文化涵盖健身类、格斗对抗类、游戏类等不同类别的项目,任何一类项目要想达到较高的境界必然要经历一个刻苦训练的过程。这一过程是对修炼者本身的严格约束与体悟过程,同时也是一个既愉快又艰难的过程。我国的民族传统体育文化中尤其

强调"天人合一、练养结合",这一理念在武术运动中得到了深入的贯彻。"一日练一日功,一日不练十日空""年刀月棍一辈子强""打拳不遛腿,必是冒失鬼""冬练三九,夏练三伏""练武不练功,到老一场空""台上一分钟,台下十年功""吃得苦中苦,方为人上人",这一系列的谚语生动刻画了武术练习者的刻苦修炼过程。苦行主义是为了精神或者理想追求而对身体或者心灵进行训练的行为,其主张是通过对肉体欲望的克制,以获取更为高贵的灵魂和梦想。

(三)我国民族传统体育文化呈现"重表演、重过程、轻竞技"的思维方式

农业生产是一个辛苦、呆板、具有单一性和循环性的劳作过程,这种简单的劳作过程铸就了农耕文化影响下的民族基本特征,即务实、厚重、本分、吃苦耐劳的优秀品德,但也存在着谦卑、内敛、拘泥、封闭、保守的弊端,呈现出了"多理性而乏激情""多正统而乏浪漫"的传统思维特点。我国的民族传统体育项目的传承实际上也是一种教化和思维方式的培养过程。

第二节 民族传统体育的发展模式

一、民族传统体育竞技化模式

在新的历史时期,中华民族传统体育发展存在的根本问题是民族传统体育文化与现代体育文化的脱节。对中华民族传统体育进行竞技化模式的改造,是指以科学求实的态度,从世界的高度来审视中华民族传统体育,积极参与世界文化的交流,自觉摒弃一些不符合科学原理、缺乏时代感的原始因素,借鉴现代体育竞赛规则、运动技战术、教学训练手段、竞赛组织与管理的基本理论方法,对一些民族传统体育项目进行改造、整合,使之既富有时代性又保持民族特色,实现自身的创新发展,促进国际体育文化的进步。

今天,中国正敞开胸怀拥抱世界,融入世界文化,这为中华民族传统体育走向世界提供了条件。欧洲杯、NBA、美洲杯、柔道、跆拳道等体育项目与竞赛吸引着世界各地不同肤色的人们,成为大多数国家体育项目的主体,这正是各民族传统体育产生互动的结果。中华民族传统体育正处在一个全新的环境,要以自身价值为基础,跟上时代发展的步伐,借鉴现代手段,融入世界,才能与世界文化共存共荣。

新中国成立以来,在中国大地上出现历久不衰的民运会是有其独特的文化原因的。中国的民运会成为一枝独秀的民族团结象征,这其中包含了政治、经济、民族政策等多方面的因素。

目前,在我国,各省市自治区基本上都已形成开展民族体育运动会制度,这为各民族的传统体育项目提供了展示的舞台。从九运会奖牌获得情况看,民族地区在一些民族传统体育项目上,显示出较强的民族优势。如内蒙古自治区有广为开展且已形成制度的"那达慕"大会作为根基,故而在摔跤、马术等项目上占有优势。因此,突出地方民族特色,以"那达慕"这种形式出现的地域性较强的民族体育运动会,应被视作中华民族传统体育竞技化模式改

造的范本。

二、民族传统体育生活化模式

现代社会发展使人们的价值观念及其生活方式发生了很大的改变,形成了民族传统体育文化现代发展的社会需求动因。振兴中华民族传统体育,面向全社会的推广、普及工作尤为重要。因为任何一个国家和民族的体育形式要为世界人民所接受,首先是要在自己国家有广泛的群众基础,形成文化上的"认同",走"生活化"道路是中华民族传统体育可持续发展的一个重要途径。

工业化、自动化的大机器生产,在给人类带来巨大财富的同时,也给人类健康造成了不良影响。现代社会的"文明病"成为日益严重的社会问题,使得"生命在于运动""健康在于锻炼"的体育观念,从体育运动中获得健康、长寿的体育价值取向日益增强。民族传统体育项目以别具一格的民族艺术、审美观、民族情感及意蕴深厚的健身观、古朴自然的娱乐性悄然走进人们的生活,为人们紧张而繁杂的生活增添了丰富多彩的意趣和卓有成效的健身功效。

民族传统体育担负着提高人类自身质量的社会责任,极大地丰富了它的内涵。人们将民族传统体育作为追求幸福生活的基础,将在新世纪对人类的生存和健康发展产生不可估量的影响。实际上,20世纪60年代,以武术为代表的中华民族传统体育文化就已经走出了亚洲、走向了世界,走进了西方人用以逃避现代工业文明和工具理性对人们健康生存权的吞噬的自我保护的生活方式中。目前,中国古老的太极拳运动已走出国门,在国际社会中产生了强烈的反响。很多国家上到政府,下至广大民众,都把太极拳作为一种健身防病的有效手段,为提高国民体质发挥了积极的作用,受到全世界越来越多国家人们的欢迎。

我们应该把握机遇,正确、全面的认识民族传统体育,分清其精华和糟粕,使更多的人理解并参与其中,同时,可利用中国传统节日适时地推出一系列的传统体育活动,使中华民族形成强大的凝聚力,促进中华民族传统体育在海内外的广泛传播,从而超越国家和民族的界限,为全世界所接受,成为全人类共同的财富。

民族传统体育项目往往是一个民族发展的缩影,同时也反映了这个民族的某些特征。中国有近千项民族传统体育运动项目,其数量和形式丰富多彩,堪称世界之最。其活动方式的灵活性、独特性、趣味性所形成得天独厚的优势是现代体育所缺乏的。目前,由于大多数竞技运动项目已经发展到了耗资巨大的近乎杂技化的高超水平,一般群众仅满足于观赏,受场地、经费、技能学习等诸多因素的限制而被禁止进入。因此,着眼于发展群众体育、走健身愉心的民族传统体育生活化道路,是体育短暂异化的回归,顺应了跨世纪的社会需求。

传统的体育生活方式作为一种文化模式,积淀于民族的文化心理之中,具有极强的生命力和稳定、坚韧的结构形态,在世代传承。我国民族由于生活地域不同,风俗习惯等方面也各有差别,产生了许多丰富多彩的节日活动。在这些众多的民族节日中,有些是直接用单项传统体育项目命名的。这些节日,不管是祭祀性与纪念性的,还是庆贺性与社交娱乐性的,都与传统的体育活动有着不解之缘。

三、民族传统体育市场化模式

人类社会已经进入第三代生产力时代,即电子时代的智能生产力时代。第三代生产力的显著标志是文化与经济崭新关系的建立,其重要特征是"文化的经济化"和"经济的文化",以及由此产生的当代文化经济的一体化趋势。所谓文化的经济化,就是指文化进入市场,文化进入产业,文化中渗透经济的、商品的要素,使文化具有经济力,成为社会生产力中的一个重要组成部分。而文化的商品性被解放出来,其本身的造血功能也就得到了增强,就可能进入良性循环的发展机制。

市场经济的发展给中华民族传统体育提供了新的发展机遇。大量事实证明,体育已成为应对现代工业社会对人体可能造成的健康危机的首选方式。不同年龄、不同性别、不同职业、不同健康状况的人们,所选的体育手段和方法可能各不相同,但追求生理和心理健康的目标却是一致的。中华民族传统体育只有顺应市场经济的发展要求,才能获得生存与发展。

中华民族传统体育要发展就必须面向市场、面向大众。大众消费的潜力是体育发展的动力,只有大众体育消费才有体育事业的前途。面向大众,从人群来讲,第一,社区将是我们今后发展的重点,尽管现在社区体育发展不尽如人意,但社区的发展将是中国未来发展的方向,是提高人民生活质量的一个通道。第二,农村体育必须得到重视。现在农村体育是非常薄弱的,但是市场潜力巨大。将一些民族传统体育项目进行合理开发利用,则能为大众的身心健康服务。

随着经济的精神化,起决定作用的已不再是物质生产,而是如何借助物质载体更好地满足人们的精神需求。各行业部门在借助大众传媒给自身带来巨大效益的同时,也带动了传统物质生产的精神经济的改造。如在民运会比赛期间,体育用品和体育纪念品的生产销售保持强劲的增长势头。从运动鞋、运动服装到体育用品、健身器械等无一而足。

不同体育项目有不同的产业化方式,不能套用一个模式。体育也分为企业式经营的、事业式经营的,也有完全公益性的。体育产业起码要划分为两大部分,一是体育活动自身的经营,如广告、门票收入、体育中介经纪等;二是与体育相关的产业,如运动服装、体育器材、体育保险、运动旅游、体育彩票等。体育产业有本体的,也有为体育服务的,还有很多具体的分类。不同情况,体育产业化程度不一样,方式就不一样。国家进行体育管理,肩负着协调各种体育产业类型使之全面发展的任务。

就产业化而言,长年存在于人民日常生活中的民族传统体育,深受广大群众喜爱,有着广泛的群众消费基础,加之民族体育投入少、价值低,在目前的经济水平下,符合大众的消费能力。因此,一些已具备市场发展条件的项目或活动可以进入市场开发。现阶段,一些民族传统体育项目已经走上了产业化道路,如舞龙、舞狮等,并实行了较好的市场运作方式。

中华民族传统体育因其独特的魅力,经济开发价值非常大。如果能够很好地运用市场规律,学习和借鉴一些项目和团队率先走入市场的经验,引入良好的现代运作手段和形象包装,逐步把具备市场前景的一批传统体育运动项目推向市场,可以更好地促进自身的发展。

第三节 民族传统体育的影响因素

一、民族传统体育文化的社会城市因素

"世界文化大同"趋势,创造了民族传统体育文化现代发展的历史契机。21世纪的人类社会将进入一个全面对话与交流的世纪,交流与融合是人类文化的根本特征。它是一种无所不在的现象,浸透了人类的语言,浸透了人类生活的一切蕴含着意义的事物。从西方哲学和美学来看,交流和对话已成为当今世界全力关注的重要问题之一。社会科学、人文科学的众多领域也开始将自己先前孤立自在的学科置于人类相互作用、相互交流得更为宏大的构架之中,文化研究亦同样一举跃上这一新的世纪之潮的潮头。

价值观念及其生活方式的改变,形成了民族传统体育文化现代发展需求的动因。随着我国综合国力的大幅度提高,整个社会物质财富的极大丰富,人们的日常生活已由关注基本的物质生活资料的获取转化为关注生活质量的提高。从人们的生活需要内容看,物质生活需要与精神生活需要并举,且具体需求丰富多样;从需要层次看,生存需要作为生活主体的最基本的需要已不是最主要的内容。具体表现为生活主体对更多、更好的物质成果和精神成果的实际享用,从而得到满足、舒适和惬意。同时生活主体对提高自身素质,发挥自身潜能和促进自身全面发展构成了人们日常生活需要的多面性和多样性。自然而然,人们的价值观念、生活方式已不可能停留在计划经济时代的单一生活需求上,人们的价值观念、生活方式已发生了革命性改变。追求幸福的生活,实现人生的价值,构成了当代人们的价值观念。健康的、文明的生活方式形成了符合当代人们价值观念的最佳选择。

新世纪条件下,人们健康的、文明的生活方式主要体现在:生活方式的世界化和民族化、注重物质生活和精神生活的平衡、"健康第一"的生活观、"生态型生活方式"的确立、终身学习的生活方式等。这些合理的生活方式更注重的是以人为核心、人文力量的调适和人文精神的弘扬。

在人们追求的生活目标的多项选择中,都把健康放在首位,自然而然,以娱乐人的身心,充满古朴自然情愫,以缓解人们精神压力见长的民族传统体育悄然走进了人们的生活。意蕴深厚的传统体育项目,以其壮内强外的健身功效,追求着人的形与神的高度统一、和谐;自娱娱人的"健、趣、乐",着重于在姿态的意趣里显示人格。

城市化已经成为全球文明的一种模式,城市化使世界各地的城市有趋同的态势,基本相同的城市框架、城市社会结构、城市人口分层,决定着城市功能和作用的相似,作为城市文化的熔炉,锻造出来的各种文化现象自然会出现近似的方面,民族体育文化也同样如此。

第一,城市化的民族体育文化更加规范,因为城市以契约为主体社会结构的严谨性,决定了城市生活各方面的严谨程度,但凡进入城市的民族传统体育活动,多数内容产生了规则细化倾向,减少了体育活动的随意性。

第二,城市化进程使民族体育文化发展迅速。进入城市文化空间,民族传统体育文化具

有了发展的动力,也使保护民族传统体育文化更广泛。民族传统体育文化进入城市,可有效地借助城市的综合文化融合能力不断提高文化品位,借助文化辐射势能,向更加广泛的地区传播。同时民族传统体育需要内容和形式方面做出符合时代的改进,这样才能进步,才能拥有更广泛的生存空间。城市化的发展,城市品位的提高和知名度的上扬,也有利于民族传统体育的形象传播。城市化带来的城市和城镇网络体系的发育和完善,也现实地促进着民族传统体育产业的网络体系发展。现代化的城市管理机制,又是发展现代体育的一个有力推进器,它给体育经济的发展提供了一种管理机制方面的系统支持。

第三,城市化进程中的体育文化更加具备现代意识和风格,进入城市的民族体育文化经过城市文明的熏陶产生了意识、内容和表现形式等方面的现代化转变,在一定程度上削弱了传统的保守模式的束缚,使民族传统体育文化的创新和发展取得了前所未有地突破。

人文精神的弘扬,中国传统文化对人的意义关怀成为民族传统体育文化现代发展的内在动因。市场经济作为我国迈向现代化过程的必由步骤,必然导致一种经济安排及与之相应的精神观念的统一。在中国建立市场经济则意味着重构我们的经济生活和精神生活,市场化改革一方面使每个人的生存拓展了发展空间,提供了更多地选择;另一方面,使一切事物及其顺序都服从于资本增值的需要,促使整个社会的结构变化和人们的自我心态的调整。作为社会主体的人也就必须适应由过去的人与人的直接依附关系到以物为依赖性为基础的自由交往关系。人们在享受着经济变革成果的同时,不能忽视精神需求的更高层次的享受,不能无视生命的神圣价值和对生活、对自然的审美发现。人们更加需要道德理性的人文关怀,需要重视自我意识的修养,需要精神与肉体的和谐统一。作为中华民族传统文化重要组成部分的民族传统体育文化思想,更侧重于人的内在价值,注重人的群体意义和社会人格。传统武术思想突出的就是"德",强调的就是修身养性、身心俱进,推崇的就是"自强不息";古老的舞狮、舞龙、赛龙舟彰显的就是一种群体意识和一种自然质朴的人性化情感;另外还有浓厚民族气息的民族式摔跤、射弩、毽球、秋千、抢花炮、攀爬、角力、竞渡以及韵味无穷的各民族体育舞蹈等无不诠释大自然赋予的美好启示,迸发出强劲的生命活力的光芒。

当然,承传于中国传统哲学、伦理学的传统体育文化,所显示出的精神情感、生命的人文关怀,在实质性内容上并不能完全替代现代社会所倡导的人文精神,但在我国目前的社会改革过程中,旧的精神观念已经瓦解而新的与市场经济相适应的观念尚未建立起来的前提下,我们应该积极开发传统体育文化思想中有积极意义的人文价值,伴随人类精神在各民族文化精神的交流、融合中形成共契,在求真、向善、尚美的精神旅程中不断超越和升华。

中华民族传统体育文化伴随中华民族沧桑数百年,蕴藏了珍贵的健身、养生、怡情、娱心和深邃的中国文化内涵,无论是其内在的价值、功能还是外部的社会主导因素都为其创造了一个良好的发展空间,也创造了自身的新的发展需要。当下,我们面对着社会的全方位重大变革,我们能否在现有的基础上深层次地挖掘民族传统体育文化中更多更珍贵的非物质性文化遗产,繁衍一个稳定的价值平台和目标模式,应该是我们研究民族传统体育文化的最根本的目的。在这个过程中我们一方面要正视异质先进文化的挑战,另一方面也要更加全面、务实的开发和利用传统文化的积极因素,求得民族传统体育文化的进一步普及化、科学化,最终实现世界文化与中华民族传统文化的伟大复兴、共同繁荣。只有这样,中国人对世界文化、世界体育文化的贡献才会有真正地价值和意义。

二、民族传统体育文化的传统文化因素

体育本身就是一种文化,是整个人类文化的一个有机组成部分。我国的民族传统体育正是根植于中国传统文化的深厚土壤。深入探讨中国传统文化对民族传统体育发展的影响作用,对于如何在新的历史时期弘扬民族传统体育,使民族传统体育不仅在中华大地上保持其持久旺盛的生命力,而且在世界体育舞台上展示其永恒的魅力与风采有着至关重要的意义。民族传统体育在体现出其独特魅力的同时,时刻体现着中华民族传统文化的痕迹。

中华民族传统文化的根源是文明的、善良的,这也正是其绵绵不断传延至今的根本动因。通过对这些积极因素的挖掘,可以使我们在弘扬民族传统体育的同时,更紧密地把握民族传统文化的深刻内涵。

民族传统体育活动中特别注重礼的体现。不仅在比赛过程中强调要"礼为上",而且有些比赛的规则也突出了礼的因素。其过程就充分反映了娱乐活动中的道德规范和价值观念。而这些观念和规范直至今日仍然在诸多领域影响着中华民族传统体育的发展。儒家学派的重要代表之一——孟子主张人要"修身养性",以追求圣贤理想人格为目标,以"修身、齐家、治国、平天下"为修行方法。因此,在中国民族传统体育的发展中注重内功、心性的修炼占据了很大成分,这也正是中华民族传统体育区别于竞技体育的根本。以武术和养生术为例,都以内在修为作为修炼的最高境界。与此同时,体育毕竟是一种外向性活动,无论是武术还是养生术,都将形体美作为练习的重要内容之一。所以,受儒家内外兼修思想的影响,注重形式与内容的和谐统一是中华民族传统体育的突出特色。

美的事物都是以感性形象感染人,不同国家地区的人们由于生活环境不同、文化传统不同,审美意识也就会各具风格。中华民族在几千年的繁衍发展中形成了自己独特的审美观,而这种审美观渗透到社会文化的各个领域,民族传统体育也不例外。

民族传统体育从其出现之日就同舞蹈等艺术结合在一起,无论是民族传统体育中最重要的组成部分——武术,还是养生术、杂技,都将形体美作为修炼的重要内容。而内外兼修是民族传统体育突显的特点,当中的很大一部分,是思想品德的提高、磨砺。审美是主观作用于客观的实践活动,是直接受审美主体主观意识所决定的,中华民族五千年间形成的传统审美意识,使得民族传统体育始终展示着自内而外的美学效果。

三、民族传统体育文化的地理自然因素

地理环境与体育文化的相互关系既是体育地理学、体育史研究的核心问题,也是体育文化史研究的重要课题,广义的地理环境包括了自然地理环境和社会人文地理环境,是围绕着人群的充满着各种有生命和无生命物质的空间,是人类赖以生存、直接或间接影响人类生产

和生活的各种因素的总和,是创造体育文化的自然前提。体育文化的发展变化其实质是自然地理环境中整体系统或者各子系统变化的结果。在绝大多数情况下,体育文化的类别化,归根到底是地理环境不同而带动的生产方式的多样化,进而导致文化形式的多样化。

体育文化起源、发展主要取决于自然地理环境及其要素的形成和人文地理环境的形成。地理环境作为体育文化起源、发展的客观基础,既是体育文化发展的肥沃土壤,又是体育文化发展中不可或缺的营养成分。体育本身就是一种文化,在生产生活中作为一种文化现象以信仰等形式呈现。地理环境无疑已成为各民族、各国度文化机体的有机构成部分,成为锻冶文化合金的重要元素。体育作为一种文化现象,其实质是人对自然力的一种挑战,自然受到地理环境的制约,这种地理环境是一切间接或直接作用于体育运动的自然和人文要素的总和。

自然界孕育了人类。人类是自然界不可或缺的有机组成部分。人类只有在特定的地理环境基础上才能进行文化活动,如体育活动。体育项目的开展一定是在有场地、器材、人等因素构成的基础环境中进行。人类体育锻炼永远离不开地理环境所创造的场地,地理环境永远与人类体育文化共存在,没有地理环境的依托不会有人类体育文化现象的存在。故地理环境是体育文化现象产生的物质基础,是影响体育文化的根源,是传播体育文化的媒介,所以地理环境持续影响着体育文化的发展。

依据体育的概念或者将体育文化现象的划分,地理环境对于体育文化影响存在差异性。现代竞技体育的产生是欧洲文艺复兴的结果。而直接动力是现代工业革命。各个国家、地区虽属不同的地域环境但都开展同样的体育文化活动。人类赖以生存的物质基础决定人类的生产生活方式不同,继而影响人类克服自然环境、挑战自然环境的方式不同,从而发展自身运动技能来达到克服自然环境的方式不同。如中原文化、齐鲁文化等的不同孕育着不同的体育文化。

地理环境与体育文化是相互制约、相互依存的、综合的、复杂的系统。往往一个抽象概念的形成离不开物质基础的帮衬。在不同的文化概念中起决定性因素的是物质基础。地理环境与体育文化既相互制约,又相互依存,且各自构成一个子系统。每个系统又有很多要素构成。

不同的地理环境直接或间接的影响着人类的体育文化。人类生活方式不全是自然环境统治的产物,但地理环境以多种途径影响人类选择不同的生活方式。同样的自然环境可以伴以不同的生活方式。地理环境从多种途径影响人类生产生活方式,从而产生不同的体育文化现象。

尽管自然地理环境和人类体育文化各有其自身的发展规律,然而后者存在于前者之中,两者是不可分割的统一体。自从人类出现以后,两者一直持续发生着内在的联系和互相作用。一方面,人类为了生存,不断的改造自然,在自然地理环境中留下了浓重的印记;另一方面,体育文化活动在发展中受到客观自然地理环境的制约或者影响,反过来又影响体育文化的进程。

人类社会实践作为自然界和人类社会的纽带关系，它们相互作用和影响。地理环境其实质是生产力或者是人类社会活动实践于人类文明的重要媒介。一方面，地理环境通过对生产力的制约，影响社会的发展，影响社会体育文化的发展，加速或延缓社会体育文化发展的进程。另一方面，人类体育文化通过人类社会实践进一步的适应，改造地理环境。当社会生产力在发展中每进一步，他们之间的关系就进一步体现。人类体育文化与地理环境的关系每发生一次改变，各地域环境下体育文化现象也随着地理环境的改变而改变。所以，地理环境与人类社会体育之间的关系，就是这样以生产力为纽带，以生产力发展为内在机理，不断地变换发展。

在地理环境与人类体育文化的相互作用中，地理环境对人类体育文化的影响是一个"变数"。自然地理环境对人类体育文化的影响，是一个可变的量。地理环境对人类体育文化的影响在不同的生产力发展阶段产生着不同的体育项目。

在地理环境与人类体育文化的相互作用中，人类从事的体育文化活动处于主动位置，是积极的一面。这种积极性来源于人类生存和发展的需求，体现在人类主动的、不断地向自然界索取和给予的过程之中。据此人类体育文化活动中，人类除了认识、利用、改造自然环境和向自然界索取外，还需要有目的地保护自然环境，协调地理环境与人类体育文化的关系。

民族传统体育项目在产生和发展中受到多种因素的影响，其中地理环境作为人类赖以生存的物质基础，是人类文明史的先决条件，是一切生产生活、信仰活动的基础。各民族的文化、历史、生产生活方式不同，其产生和发展的过程中必将受到复杂多样的地理环境的影响。每个民族都有自己在地理环境中受到影响的烙印，这种烙印显现在各民族的文化价值内涵等方面。客观特定的地理环境影响着各民族传统体育项目的形成、发展、传承等。

不同的地理环境可以造就人们不同的生活习性、文化内涵、价值取向，从而可以影响对于体育文化或者体育项目的喜好。中华民族传统体育的诞生离不开地理环境的孕育。不同地域的差异性影响着民族地区体育项目、体育文化的差异性。由于客观地理环境的特殊性，使得生活在这个地区的民族同胞们创造出了属于自己区域的特有的体育文化活动。

地形因素在研究地理环境对体育文化的分布的决定作用是非常重要的一个因素。由于地形、地貌的不同，直接影响到开展民族传统体育项目的大小和规模，地理环境也会有显著差异性，而这种差异性又会影响到民族传统体育项目的分布。

纬度因素是地理分布的基础。纬度因素直接决定了某一地区的气候情况，而气候情况又决定了民族传统体育项目的具体举办时间和工具的选取。气候因素对传统体育现象有着最直接的影响。在高寒度地区，气候相对寒冷，直接决定着各民族地区人们所开展的民族传统体育项目的不同。这种不同相比较低纬度地区主要体现在冬季项目上，在高纬度地区由于冬季气候比较寒冷，使得这一地区具备了开展冰雪项目的条件，我国的东北地区，相对纬度比较高，属于寒温带气候，在黑龙江北部还存在永久的冻土，处于冰缘区的范围内。在东北滑雪是人们生活所需的技能，而在低纬度地区就不具备开展冰雪项目这样的条件，就算建成室内冰场，不但成本高，而且还起不到开展项目的作用。在我国低纬度地区，例如我国广东、广西、湖南交界的地区,则因地制宜开展传统运动会项目,例如打泥仗等。

在水资源相对丰富的地区,人们往往会利用这一自然资源,开展一些水上体育运动项目。水资源就成了一种开展体育运动项目的场所和材料,成为水上体育运动中必不可少的组成部分。

第四节 民族体育项目的整合与分布

一、民族体育项目的开发、整理和意义

我国在民族传统体育项目的挖掘、整理方面曾做过大量的研究工作,特别是以武术为代表的中华民族传统体育受到广泛研究和倡导。国家体育运动委员会成立后,武术被列为推广项目,并设置民族形式体育研究会,依据"取其精华、去其糟粕,百花齐放、推陈出新"的方针,进行武术等民族形式体育的挖掘、整理、继承与推广工作。

我国民族传统体育项目挖掘整理的意义有以下几个方面。

(一)开拓了民族文化认同方式,构建了社会和谐、民族团结的多元化手段

民族的凝聚力主要体现在对本民族人文文化的认同程度。认同就是指对共同或相同的东西进行确认。世界上许多事物之间,都存在着这样或那样共同或相同的东西,但对这种共同性进行相互确认,只有在人和人之间的关系中才可能做得到。这意味着,认同总是存在于关系当中,或者说认同本身就是一种关系。民族传统体育项目在挖掘过程中,覆盖了全国56个民族,特别是一些人口数量比较少,集聚区域不大的民族所拥有的民族传统体育项目也包括其中。随着社会生活方式的改变,异质文化入侵,相对人口比较少的民族来说,尤其需要有本民族人们的认同生活方式,恰恰民族传统体育活动体现了人与人之间的一种交往,在交往过程中人们感受到本民族传统体育的风俗、礼仪制度的感染力和约束力,同时也抑制着异样的文化心理和价值观念。当然,随着民族传统体育活动、表演和比赛的增多,吸引广大民众的积极参与和交流,在交往过程中人们逐渐地接受其他文化的价值及其观念。所以,民族传统体育活动,成了实现民族认同、增进民族内部情感、加强民族团结的一种最为重要的文化生活方式,有利于推动民族地区经济的发展,营造浓郁的民族体育文化氛围。正是借助于这一作用实现了民族共同体的稳固、进步和社会的和谐发展。

(二)丰富了我国人文资源,拓宽了教育素材

我国民族传统体育项目资源数量大,地域分布广,记载了各民族的伦理道德、生活情趣、人际关系、民族性格、民众心理等。但是,如果我们不对它进行挖掘整理,它仅仅是一个标识,只是一种民间信仰活动方式,根本不能成为民族文化的主要诠释者和表现者。只有通过挖掘、整理并对其进行充分利用,才能诠释和表现本民族文化。挖掘整理出来项目的不仅蕴含着"天人合一"哲学意境的修身养性,同时还极其具有美学价值,在活动开展过程中表现出生动活泼、神秘惊险、新颖刺激、热情奔放、休闲娱乐等矛盾统一的美学价值取向。毋庸置

疑,一千多种民族传统体育项目极大地丰富民族文化资源,引导人们更多地选择参与健康文明的生活消遣方式。挖掘整理出来的多数项目不仅具有现代学校体育的竞技性特征,而且还具有浓厚的趣味性,再加上项目源于特定的地理、人文环境、自身独特的传承方式以及尚德重礼的道德旨趣和蕴含着丰富的哲理,使得民族传统体育人文教育功能凸显,它不仅在思想上有利于引导学生运用辩证思想建立科学的人生观和价值观,更有助于学生切身体会和感受中华民族传统体育文化,把握中华民族精神所在,而且长期参与,不仅可以强健体魄,还能够形成开朗、自信、乐观和积极进取的精神,促进身心的全面发展。毫无疑问,民族传统体育项目挖掘整理真正拓宽了学校体育教育素材。

(三)丰富了全民健身的活动方式

民族传统体育以其丰富多彩的运动项目、极富魅力的文化背景、轻松活泼的气氛、既娱乐又健身的功能而深受人们的喜爱。挖掘整理后民族传统体育项目,极大地丰富了体育活动方式,每个人都可根据需要从中选择适合于自己的项目进行健身活动。有些项目不受时间、季节的限制可随时开展;有些项目在器材、场地上可因地制宜,就地取材;还有的一些项目可徒手或持器械进行等。正因为民族传统体育具有广泛的参与性和适应性,可以满足不同性别、不同年龄、不同人群的需要,极大地丰富了全民健身的活动方式。

(四)民族传统体育项目推动了竞技体育与群众体育的协调发展

一直以来,我国很少有自己本民族传统竞技体育项目,之所以出现这样的偏差,当然原因是多方面的,但很重要一点就是本民族传统体育项目的挖掘整理以及利用还远远不够。随着人们对民族传统体育项目的重视,其中许多项目已发展成为竞技体育项目,例如角斗士、风筝、舞龙舞狮、毽球、龙舟等。这些民族传统体育除了增添人们欣赏价值以外,还能通过民族传统体育蕴含的思维方式、价值观来改变一味以现代竞技体育为中心的惯性思维,这对转变人们观念有很好的借鉴作用,极大促进了竞技体育与群众体育的协调发展。

通过挖掘整理和利用,民族传统体育或将成为西部地区农村体育旅游新的经济增长点。在民族传统体育项目的挖掘与整理当中,很多项目都有着传奇的历史故事,且与当地民族传统节日、民族服装、民族风俗、民族歌舞、民族艺术紧密相连,表现出了丰富的民族特色。特别是民族地区的很多项目都是依附着旅游景点,以原生态的艺术表现迎合了旅游者的心理需求,成为一项富有生命力、竞争力的朝阳产业。随着人们生活水平的提高,绿色旅游、生态旅游、体验旅游成为人们追求热点,通过举办各种民俗体育竞赛活动或集会,向游客展示民俗文化,邀请游客参与各种竞赛活动、娱乐游戏来激发游客的兴趣,调动其参与的积极性,这无形中建立起了民俗旅游、体育文化生态旅游的产业群体,推动了西部地区新农村经济建设。所以,民族传统体育项目挖掘、整理以及利用必定成为西部地区新的经济增长点。

二、民族体育项目地域基本分布情况

东北地区地域辽阔、山脉众多,地理位置的复杂性和生态环境的特殊性,决定了该地区主要以畜牧业、狩猎业、捕鱼、农业传统经济为主。

西北地域辽阔,由蒙新高原大部、青藏高原和黄土高原的一部分共同组成,这里深居内陆,与高山、大川、荒漠、边陲等自然条件联系在一起,地理与生态环境的特点,形成了相对独立的区域文化,孕育出丰富多彩的民族传统体育项目。

西南地区地域辽阔,地面崎岖,内部气候差异大,除此之外,有山地、河谷、草原和深林,这给各族民族提供了不同的生态环境,造就了不同的经济生活方式,其中狩猎和农事是生产方式中最重要的内容,围绕狩猎而展开的体育项目主要有跑、跳、投、攀、射、骑等;赛跑是西南地区经常开展的活动,由于西南地区自然环境多为山地,所以登山运动十分盛行,跳高在西南许多民族中较为盛行,反映农事生产的如跳鼓,这是根据犁田、插秧、割谷挑担等各种姿势编成的,用以反映丰收后喜悦心情的一种舞蹈。西南地区大多民族依山面水而居,水上项目也是别具一格,"水文化"起核心主导作用,使得传统体育表现出柔美、细腻、传情、祥和、修身养性等文化特质。传统体育无时无刻不流露出水的意蕴、水的韵律、水的灵性、水的体验、水的祝福和水的寄托。泼水节是深层次"水文化"的体现。西南地区民间武术多种多样,有射弩、射箭、刀术、棒术、拳术等;西南地区各民族人民在生产生活中创造了许多技巧性的运动。

长江中下游地区,包括湖北、湖南、江西、安徽、江苏、上海等省市。长江中下游地区是我国淡水湖泊最密集的地区,属亚热带季风气候,冬夏季风明显交替,四季分明,降水量比较丰沛。所以该区域的水上项目突出,如赛龙舟、潜水游戏、游泳等项目。

东南沿海地区的主要民族传统体育项目有刺球、投石子、射箭、角斗、秋千、顶球、背篓球、竹摔、打陀螺、顶壶竞走、摔跤、拔河、弄龙、龙舟竞渡、风筝、头目棋、舞狮、武术、越火堆、铃刀舞、打柴棒、钟家棒、赶野猪、稳登等。

岭南地区主要从事渔业,兼营农业和盐业,有丰富的海洋知识和捕鱼经验。"龙舟"体现该区域渔业生活方式的典型代表;"龙狮"是对除暴安良、驱邪赈灾、吉祥瑞意的敬意和渴望。

三、民族体育分布特征

(一)民族传统体育项目分布呈现"大杂居小集居"特征

众所周知,民族传统体育项目是各民族创造民族传统文化,依附着各民族主体,由于各民族之间存在着"混居""大杂居"的状态,同理,民族传统体育项目也表现了"大杂居"的特征,并无明显地域界限。民族传统体育项目覆盖区域广,覆盖了全国34个省的"大杂居"特征。然而,"小集居"是相对"大杂居"而言,民族传统体育项目"小集居"特征主要体现项目在地域分布相对比较集中,项目的地域性特征突出。

(二)民族传统体育项目分布呈现民族交融性特征

在各民族文化交流与发展的背景下,同一项目在不同民族间进行了交融。从项目起源上看,某一民族传统体育项目最初总是从某一区域、某一民族中传承下来,经过各民族间文化交流,逐渐被具有相同自然条件的民族接受和改造,使得这一项目也逐渐发展、完善起来。目前,许多项目内容都来自不同民族文化的整合,即吸收不同的民族文化因素而形成多民族共有的传统文化。也有些项目由于它的发展、演变,已由当初某个民族或某几个民族所独有,今天该项目由于融合了多民族特点,已成为中华民族所热爱的共有的文化遗产。以龙舟竞渡为例,最早时各地龙舟的形态并不一样,比赛的时间、方式也不一样,这表明赛舟这一活动的起源是独立的、多点的。但随着我国各民族文化的交流和融合,龙舟竞渡活动就成为中华民族广为流行的一项传统体育项目,许多地区的龙舟竞渡活动在举办时间、龙舟样式、竞渡规则上都大同小异。在几千年的历史长河中,各民族不断吸取优秀文化来丰富自己、发展自己,再加上长期从事相同的生产方式,相同的自然环境,许多民族传统体育项目成为多民族所共有,但也揉进了本民族的某些特点。

(三)民族传统体育项目分布明显呈现地域和环境的依附性

地理生态环境是各民族的生存空间,各民族生活于不同的地理环境,在对环境的适应和改造过程中,创造出各具特色的文化。一定的生产方式是一个民族长期繁衍生息的重要条件,一个民族的传统体育文化现象,在很大程度上受到经济生产方式的影响,而民族传统体育的内容和形式则从某个侧面反映了该地区生产、生活方式与社会风俗习惯。自然地域环境的差异性是各民族传统体育差异化最有力的佐证。例如东北是中国纬度最高、气候最为寒冷的地区,滑冰、滑雪等雪上项目是这一区域典型特色;西北大部分地区为沙漠、戈壁、土质平地和山地荒漠,沙漠是西北地区最博大的地貌景观,骆驼是沙漠之舟,独具特色的赛骆驼、滑沙等民族传统体育项目是该地域典型特色;西南地区分布着盆地、平原、丘陵、山地和高原等五种类型地貌,多山是西南地区一个十分突出的地貌特征,所以该区域的登山、跳高、跑步、投掷等运动十分盛行;中原地区的历史文化积淀异常厚重,武术、养生、棋类等项目十分突出;长江中下游地区是我国淡水湖泊最密集的地区,降水量比较丰沛,所以该区域的水上项目较为突出,如赛龙舟、潜水游戏、舞龙、踢毽子、跳绳等项目;岭南地区位于我国最南方,降水充沛,处于我国丰水地带,汛期长达半年以上,赛龙舟、游泳、跳水、捉水鸭是该区域的突出代表项目;草原部族纵横驰骋的区域,许多传统体育活动都与马、骆驼有关,具有浓郁草原特点。因此,千姿百态、纷繁复杂的民族传统体育从其由来与表现特征都带有典型的地理环境差异性即地域性特征。

第三章

民族传统体育游戏的开发与组织

第一节　体育游戏概述

一、体育游戏的基本概念

中华民族的文化传统历史悠久，源远流长的游戏文化是我国文化宝库中一颗璀璨的明珠，它是各民族人民大众智慧的结晶。

（一）游戏

游戏作为人类的一种特殊活动，人们从不同的角度和领域对其本质属性进行了概括。

第一，游戏是一种娱乐活动，如捉迷藏、猜灯谜等。某些非正式比赛项目的体育活动，如康乐球等也叫游戏。

第二，游戏是体育的重要手段之一，是文化娱乐的一种，其中包括智力游戏、活动性游戏、竞技性游戏等。

第三，游戏是一种随个人意志自由选择的活动，它是以人们直接获得欢乐，作为参加活动的原始报酬。

由以上专家及大众对游戏的解释不难看出，游戏有着丰富的内涵和外延。

无论是娱乐活动，还是体育比赛，它都是游戏活动或具有游戏活动的因素。游戏的本质是一种特殊的社会实践活动。人类能动性的活动可归纳为三种基本活动：劳动、学习和游戏。劳动作为人类的基本活动是以创造物质财富为目的；而学习则是为未来劳动作准备，劳动和学习是人类最基本的实践活动，维护着人类自身的生存和繁衍。劳动和学习对劳动者和学习者来说具有不可摆脱的自然必然性，它往往来自外部的要求，并带有一定的强制性。而游戏则是以人类自身的需要所引发的，它是以人类自身为对象，并以满足人类自身活动需要为基础，不产生物质产物的特殊活动。

总之，游戏是一种特殊的社会实践活动，是由人类身心需要所引发的，是人们自由选择的以自身为对象，并不产生社会意义产物的娱乐、健身活动的总称。

根据游戏的目的和活动方式，可将游戏分为两大类：智力游戏和体育游戏。

（二）体育游戏

体育游戏是游戏的一个分支，是在游戏的发展过程中派生的。它融体力发展、智力发展、身心娱乐为一体，既是游戏的组成部分，又与体育运动有着密切的关系。

人们早期的游戏行为与当今的竞技运动在发展上有着密切的联系，而绝大部分的竞技运动项目都源于民间游戏，在流传的体育游戏的基础上经过进一步的总结、归纳、改编、创新，并通过实践不断地完善发展成为现在的这种具有内在规律和特点的竞技运动。当今，随着人们对体育游戏功能的认识不断深化，体育游戏被广泛地应用于体育教学、运动训练及群众性的体育活动中，成为体育活动的一个重要组成部分。可见体育游戏既有游戏的特点，又有体育的特征。

总之，体育游戏是以身体练习为基本手段，以增强体质、娱乐身心、陶冶性情为目的的一种现代游戏方法。

二、体育游戏的产生与发展

游戏是体育教育中非常重要的手段。体育游戏作为一种社会现象,是随着人类社会的产生和发展而出现和演化的。在人类社会发展的历史中与其他事物一样,体育游戏经历了一个由萌动、产生、发展到不断完善的过程。

(一)体育游戏的产生

体育游戏在人类社会发展的最初阶段就作为一种教育手段产生了,人们借助于游戏来培养自己的后代参加各种社会活动。由于劳动是人们的基本活动,它确定了人们其他的各种活动,因此,劳动是产生游戏的根源。

"需要"是人类一切活动产生和发展的直接原因。社会现象和生命现象都离不开社会需要和人的需要,作为产生、存在和发展的依据,也可以说人的活动是由需要引起的,需要是人能动性的源泉和原动力。在漫长的原始社会,人们生活在极其艰险的环境中,远古人认识到:必须不断改善自己的体力和智力,提高人类自身与大自然抗衡的能力。于是人类的眼光开始从自然转向自身,人们把在不同环境下获取食物和防御兽类的走、跑、跳跃、投掷、攀登、爬越、游泳等各种活动技能进行模仿再现,并把这些技能、经验传授给下一代,于是就出现了人类最初的教与学形式,教育和培养下一代的生活技能和劳动技能,并以此为谋生和改造自然的一种手段。这种有意识、有目的的技能再现和传授的教育活动,构成了人类社会中最早期的游戏雏形。

此外,原始人尽管需要水平很低,但除了劳动需要、防卫需要,他们也有思想感情,如喜、怒、哀、乐,他们有交往的需要,有同疾病作斗争的需要,有表达和抒发内心情感的需要。概括起来也就是需要精神调节。因此,原始人狩猎满载而归、劳动丰收或遇到意外事故时会产生喜、怒、哀、乐的心理情绪,并通过一定的活动形式表现出来,或哭或笑、或唱或跳、或手舞足蹈,以抒发内心的情感,获得心理上的满足。人类早期的这些表达内心某种激情的活动,一旦被人们认识,就与本能区别开来,形成原始的游戏形态的早期萌芽。

在体育游戏产生萌芽的过程中,人的动物行为本能,人在心理上的原始倾向,儿童的模仿天性起了很大的促进作用。人类最初的体育游戏既具有动物的特征又具有与动物的本质区别,人类的这种由生产性活动过渡到非生产性活动的体育游戏,经历了极其漫长的岁月,经历了一个由不自觉到自觉的认识过程。也就是说体育游戏由原始人类"本能"的生产性活动,发展变化为有意识地满足人类心理、生理需要的活动。

(二)体育游戏的发展

体育游戏是每个人成长过程中不可缺少的重要内容,人们接触世界、了解世界、认识世界是由游戏开始的,在游戏中,人们学会了生活技能,学会了与人相处、与人合作、与人交往,学会了遵守规则,学会了生存。

体育游戏伴随人类社会的发展而产生、发展并日益完善。在体育游戏的发展过程中,劳动即社会生产力的发展起着决定性的作用。体育游戏是一种非生产性的、以改造人类自身为目的的活动,他的发展取决于社会生产力的发展,随着社会生产力的不断发展,为人们提供了剩余产品,提供了闲暇时间。生产力的发展决定着体育游戏的发展规模,科学技术的进步改变着体育游戏的活动形式。

体育游戏作为人类实践活动之一,它的产生、发展受到人类社会发展过程中诸多因素的影响。人类文化的进步,思维能力的增强,丰富和规范了体育游戏的内容。人类生产工具和军事武器的改进,也使体育游戏更具有教育性、民族性、时代性、多样性、趣味性和竞争性。教育的发展不仅使体育游戏得到更广泛的开展,同时使体育游戏得到不断的丰富和更新。

三、体育游戏的特点

体育游戏是游戏的组成部分,它既属于体育活动,又具有相对的独立性,因此它除了具有游戏和体育活动的一般特点外,还有游戏自身所固有的属性和特点。我们只有了解和认识了体育游戏的特点,才能更好地发挥它应有的作用和功能。

(一)无效用性

无效用性是游戏的本质属性,是体育游戏与生产劳动的本质区别。体育游戏和生产劳动都需要一定的身体活动,但生产劳动其主体是人,而客体是自然与社会,人必须通过劳动来生产物质生活所需要的资料,因此它带有明显的目的性,其动机是意识到对社会的责任,行为带有强制性。而体育游戏主体是人,客体也是人,它是通过一定的身体活动来满足自身的生理和心理的需要,而不产生对社会直接有用和必要的价值,体育游戏的目的就在于充分发挥人类的潜能,并不断地完善自我、实现自我。体育游戏没有直接指向外在的功利目的,而仅仅是为了娱乐和消遣,这也正是体育游戏与竞技体育的本质区别。竞技体育的目的具有一定的功利性,参加竞技运动的运动员和教练员不再是为了娱乐和消遣,这给他们的身心带来很大的压力和高度的紧张。尤其是职业化后的竞技运动,在某种意义上也是一种工作。

(二)可选择性

由于体育游戏没有直接的外在功利性,人们参加体育游戏只注意在活动过程中的乐趣,而不太关注活动的最终目的或结果,因而游戏活动的目标可根据参加者自己的意愿提出和确定。另外在游戏活动的过程中,不受外部环境和条件的制约和限制,参加者可以自由选择游戏的内容、方法及使用的器材等,还可以通过游戏者之间的协商来确定游戏的方法以及游戏的进程。在游戏的进行中,参加者可以充分地发挥自主性,并在其过程中不断地完善自我,体现自我价值。

(三)变通性

体育游戏的活动方式、运行路线、动作方法、场地器材、游戏规则等都可以根据参加者的条件及实际情况有不同程度的变化和选用。体育游戏中的动作,可以根据教学目标的要求、学生的认知水平及身心特点作相应的变化,它可以是正常的跑、跳、投、攀登、爬越等,也可以是进行变化了的跑、跳、投、攀登、爬越等;可以采用徒手,也可以利用各种器械进行;器械的形状、大小、重量以及利用器械的方法等都可以进行变化和选择;对游戏中的动作可以提出严格的规范要求,也可以淡化技术成分;另外,在场地的使用方面,都可以有所变化以适应需要。这与竞技体育项目中对技术与场地的规范要求,形成鲜明的对比,竞技运动的动作规范严格,有明确的规则,并且其规则既含历史依据,又有国际性。对场地器材的要求也极其严格。

体育游戏中的运行路线,可以是直线、曲线、弧线,也可以采用三角形、S形或螺旋形;可以一次直接到达终点,也可以采用折返的形式进行;可以是一人数次往返,也可以采用多人接力的方法进行。

体育游戏中的规则不需过分精细和繁杂,只需有必要的几条主要规则即可。规则要根据游戏的对象及体育游戏的目的,对活动的方式、运行的路线、动作的方法等作不同的限制,就能产生不同的游戏效果。

体育游戏对场地器材的要求很低,可以根据学校的实际情况因地制宜,几乎所有的地方都能成为活动的场地,所有的生活用品、小型的工具都可以变通成为体育游戏活动的道具。

总之,体育游戏的变通性与竞技体育形成鲜明的对比,由于体育游戏的这一特性,使它成为最具有广泛群众基础、老少皆宜且又便于组织和开展的活动。

(四)趣味性

趣味性是指能引起人们的极大兴趣,它是游戏的生命和本质特征,也是体育游戏最显著的特点。由于体育游戏的多样性,给予游戏的参加者更多的自主选择活动的机会,在没有任何外来压力的情况下,参加者能比较轻松、自由、平等地参与,能将活跃起来的心理功能得以充分地发挥,获得自我表现的机会,并把全部的注意力集中在游戏活动过程的乐趣上,从而使参加者拥有一种轻松愉悦的心情。

体育游戏的变通性给予游戏的改编和创新更大的灵活性、多样性和新颖性,从而赋予游戏极大的吸引力和感召力。体育游戏过程中的随机性和偶然性,会使游戏的参加者产生浓厚的兴趣和出乎预料的愉悦成分,以满足人们在情绪及情感上的需求,从而产生愉悦身心的体验,使人精神焕发,情趣倍增。

总之,体育游戏的趣味性,使它具有极大的发展潜力,并在社会生活中发挥其特有的功效。

(五)竞争性

体育游戏与其他的体育活动一样都具有竞争性,但体育游戏的竞争与一般的竞技体育的竞争不同,竞技体育的竞争是在严格、统一的规则制约下,进行的一种强者的竞争,因此,只有体能好、技战术水平高的人才能获胜。而体育游戏则与之不同,虽然体育游戏的结果也是以获胜而告终,但由于体育游戏活动方式具有较大的变通性,获胜的因素是多种多样的;竞争的内容也可随意变通,可以比技能、比技巧、比体力、比智力、比勇气,也可以比团结、比配合、比应变能力,还可以比运气等,因此就会出现各种结果。体育游戏的这种竞争性,可以给弱者提供战胜强者的机会和平台,并能使弱者获得成功的体验,从而不断地树立信心,增强自信,同时,也给强者提出新的挑战。

总之,体育游戏的竞争性给所有的参加者提供了夺标的可能与希望,并能在游戏活动过程中更好地挖掘人的潜能,各显神通。

第二节　学校传统体育游戏理论介绍

一、传统游戏

关于传统游戏的概念，从教育视野对传统游戏进行研究，认为传统游戏是以休闲娱乐为目的、人们自愿进行的一种社会古老又普遍的活动。

部分研究者从文化的角度对传统游戏进行了分析，对传统游戏的理解偏向于强调它作为传统文化的一种传承，是普遍流行于广大人民群众中且代代相传的游戏。

传统游戏是指经过历史的传承并在民间广泛流行的玩耍和嬉戏活动。

传统游戏又指从传统社会与文化发展过程中传递下来的由劳动人民自发创编，在民间广泛流传的游戏。

综上所述，传统游戏是指在历史的积淀中经过人们实践检验而逐步形成的具有传承性的游戏。

二、传统游戏的相关研究

（一）传统游戏特点的研究

随着游戏不断发展与创新，传统游戏以其随机性、趣味性和游戏材料的简便性为特点，深受学生的喜爱。游戏存在的发展和变化，表明传统游戏具有"民族性和自然性"的特征。传统游戏是一种以地方特色、生活、娱乐、随机、简单为代表的娱乐活动。儿童传统游戏来源于学生生活及所处的社会环境，因此具有生活性和地域性的特点，还因为在游戏中学生可以自己决定游戏的玩法、规则、同伴、材料而使游戏充满了趣味性和娱乐性、群体性和活动性的特点。传统游戏最显著的特点就是其内容与形式的多样化、灵活，使游戏能够在各种地方展开。

传统游戏之所以能流传至今，在很大程度上取决于它的"趣味性与民间文化特色"。娱乐性是游戏的生命，趣味性是游戏延续的基础。

研究者认为传统游戏来源于民间、来源于人们的日常生活，具有强烈的地域特点，其内容的丰富多样、形式的灵活多变、材料的简洁性和游戏的趣味性都是其显著的特点。

（二）传统游戏教育价值的研究

以"捉迷藏"这个古老的传统游戏为例，学生在玩"捉迷藏"游戏的同时不仅身体得到了锻炼，而且强度适宜，不至于对身体素质的要求带来过大的压力。不仅如此，它还有利于学生良好心理素质及意志品质的形成。除此之外，该游戏具有成本低、趣味性强的特征，能够通过既简单又安全的方式给孩子带来欢乐。

传统游戏无论是从人们的日常生活中还是社会、学校中都对学生有着深刻的影响。从学生本身发展来看，不仅使学生体质、免疫力得到提高，还有利于学生的思维、智力、社会经验及社会认知能力的发展，使学生能够养成良好的生活习惯；对于社会和学校方面，传统游戏能够很好地调解家庭和学校在学生体育方面所做得不足之处。

儿童民间游戏在学生教育应用中的价值主要体现在三个方面：一是发挥启蒙教育作用，提高学生的社会认知能力；二是锻炼学生身体，促进学生的身心健康发展；三是增强学生自信心和团队意识，培养学生的良好品质。

所以，对于传统游戏的教育价值，无论研究者们从哪些方面进行论述，最终都会归结到学生的自身发展上。通过传统游戏，不仅使学生的身体得到锻炼，还使学生的自身情感发展、社会性发展水平都得到提升。

三、传统体育游戏的开发与应用的相关研究

（一）理论分析的角度

以理论分析的研究方法，从儿童民间游戏的角度对学校游戏课程的开发进行深入的研究，主要从游戏课程建构的理论基础出发，进一步探讨游戏课程开发所需要遵循的原则、开发的流程和游戏课程的结构与框架。

从理论层面探讨传统游戏的开发应该遵循哪些方法和思路。在关于传统游戏的开发策略上，应该从差异开发、引导保护、自由发展、营利推动四个方面进行开发，并从以下五个方面对传统民间游戏的开发思路进行了探讨。具体内容有：大型节庆活动；多种主题公园、民俗风情园、博物馆和发展体验旅游行业；历史街区、集市、商铺与乡村旅游相结合；贯穿传统的岁时节令，进行应时性旅游开发；传统民间游戏产业化。

从理论层面对民间游戏、传统体育游戏的开发与利用进行探讨。关于游戏材料收集方面，首先，学校教师可以通过家校合作的方式，与家长对传统体育游戏的价值进行探讨，促使家长对学生进行传统体育游戏表示支持，并能够提供一些传统体育游戏；其次，学校可以向研究民俗、民间文化的专家求助，收集有关资料。关于游戏玩法方面，主张根据学生的年龄特点、生活经验、游戏的场所、游戏的形式进行适当的改编。关于游戏的活动时间方面，应该把传统体育游戏融入学生的日常生活，根据具体情况合理安排游戏时间，不仅仅局限于户外活动时间，区域活动、集体教育活动、餐前活动和离园前的活动时间都可以用来开展传统体育游戏，并发挥教师在游戏中的指导作用。

要想做好民间传统游戏的开发，首先离不开政府的大力支持，只有政府建立了相关政策，民间游戏才能得到有序传承的保障，政府应该把传承民间传统游戏作为物质文化遗产保护的重要活动之一。其次，学校应该重视民间游戏环境的创设，只有提供了充分、适合的游戏场地与环境，才能激发学生对户外活动的兴趣。学校及教师要加强家校联系，增强家庭互动，积极组织活动，鼓励学生与家长多参与民间传统游戏。最后是结合学校的实际情况，把多样化的民间传统游戏融入学校户外活动，使之成为学校教育活动中的一部分。

（二）实践探索的角度

从实践层面出发，在游戏进行中，教师需要全面观察学生的反应，发现问题时要及时提出解决问题的办法，以学生的兴趣和意愿为中心，在保存原有的游戏规则和玩法的基础上适

当地增添情节和规则,在不断实施与反思的过程中逐步完善游戏方案。

传统游戏有利于学生游戏精神的释放与表达;传统游戏有利于学生基础运动能力的发展;传统游戏有利于促进学生的认知发展。

综上所述,由于社会的不断发展,传统游戏在逐渐衰退,有的传统游戏材料已经难寻踪影,有的传统游戏本身存在安全隐患,这就需要我们对其玩法进行不断地丰富和创新,能够更好地与当今学生的身心发展水平相适应,使之符合现代儿童的游戏兴趣。传统体育游戏从其发展来源上看是指存在于过去且一直流传至现在,并对现在的生活有影响的一种游戏形式;从其特点和教育价值上看是一种能够增强学生体质,促进学生各方面协调发展,使优秀的传统文化得到继承、流传的一种游戏形式。

第三节 学校教师对开展传统体育游戏的态度和期望

一、教师对学校开展传统体育游戏的态度

在学校中,体育活动是必不对少的,如何充分开发与利用有限的时间,使学生的身心得到全面发展,是教师需要思考的最主要的问题。那么,传统体育游戏作为一个既能够丰富学生的体育活动,又能够提高学生参与活动积极性的活动形式,学校教师又是怎样看待和理解传统体育游戏的呢?

(一)传统体育游戏能够提高学生身体素质,培养学生的良好品质

传统体育游戏能够使学生强身健体,学会合作,保持愉快的心情,培养良好的品质,亲近自然。传统体育游戏能够发展学生身体各部分的协调性、锻炼身体的灵活性、提高合作能力。

(二)传统体育游戏能够丰富学生的体育活动

传统体育游戏种类繁多,而且取材简单,更贴近生活,有一定的规则,普遍受到学生的青睐和喜爱。

(三)传统体育游戏具有传统文化的传承性

传统体育游戏本身就是一种文化的传承,将运动目标很好地包含在有趣的游戏中。传统体育游戏本身就蕴含着传统文化与习俗,具有地域性、民族性、本土化的特点。

综合上述观点可以发现,教师对于传统体育游戏持积极态度,认为传统体育游戏具有很好的教育价值,不仅对学生自身发展具有一定的影响作用,还能够增强学生对传统游戏、传统文化的认同感,使传统文化能够传承下去。

二、教师对学校开展传统体育游戏的期望

教师希望学校能够定期、系统地开展传统体育游戏,并希望把传统体育游戏纳入学校的教育活动计划中,由学校统一安排进行传统体育游戏的时间。

教师希望学校能够通过多种途径，适当引入其他地区带有民族特色的传统体育游戏。此外，希望学校可以统一安排时间，定期开展传统体育游戏。教师还希望学校能够在收集资料的基础上按照不同年龄班进行分类，并整理成册，分发给各个班级的教师。

第四节 学校传统体育游戏的开发与应用

一、传统体育游戏方案的开发

（一）传统体育游戏素材的收集与整理

通过查阅书籍、网上搜索、文献检索等方法，传统体育游戏可分为走跑类、跳跃类、投掷类、平衡类、钻爬类及其他。在这里，其他类传统体育游戏主要是指不属于上述五类游戏的类别，但是其本质又锻炼了学生身体某一部位动作的传统体育游戏。研究者进一步将其分为两类：一是锻炼学生的手指灵活能力，促进学生的小肌肉发展的游戏；二是发展学生手臂力量和腿部力量，促进学生大肌肉发展的游戏。

（二）传统体育游戏开发的基本原则

1.教育性和安全性原则

教育性原则主要是指教师在设计游戏时，要注意游戏内容应含有一定的教育意义，要能够对学生的身心发展产生积极的影响作用。

安全性原则主要指的是注重学生的安全。教师在设计游戏时，首先要选择相对较为安全的游戏；其次，在游戏开展之前，教师要充分考虑到游戏的整个过程，并在脑海里进行演练，尽可能排除安全隐患；最后，在游戏的过程中教师要尽可能全面地观察学生，在学生发生冲突时第一时间赶到并解决问题。因此，对于传统体育游戏的研发，最为关键的是要注重学生的安全问题。

2.简洁性和可操作性原则

简洁性原则主要是指游戏材料的简洁性。通过访谈教师，研究者了解到教师对于传统体育游戏的材料问题存在很大的忧虑，认为传统体育游戏许多器材都是手工制作的，但随着传统游戏的逐渐消失，很多游戏材料也难以寻找，制作起来也比较困难。所以，在开展传统体育游戏方面，教师更倾向于选取不需要特殊器械与材料的游戏。因此，在传统体育游戏的研发上，要注重游戏材料的简洁性。

可操作性原则主要是指游戏的可操作性。教师在设计游戏时要充分考虑到校内场地、时节气候以及实施的年龄等因素，研发出适合多场地、多季节、不同年龄都可以开展的游戏。因此，对于传统体育游戏的研发，要注重游戏的可操作性。

3.多元化和创新性原则

多元化和创新性原则主要是指游戏的内容要有创新性，游戏的玩法要多样性。以往传统体育游戏的玩法较为单一,学生进行了一段时间后容易产生厌倦心理,所以应该把收集到的传统体育游戏进行创编,可以把古老的传统体育游戏与现代游戏相融合,也可以把只能锻炼学生某一方面能力的游戏与其他领域的活动、其他游戏相结合,以此来提高学生参与游戏的兴趣,增加学生参与传统体育游戏的积极性,使学生的身心得到全面发展。

(三)传统体育游戏的开发策略

为了使传统体育游戏的内容和形式更加丰富和灵活,研究者以学生的兴趣为出发点,在保留传统体育游戏的原有名称和风格的基础上增加游戏目标,从传统体育游戏的内容、游戏的组织形式和游戏材料等三个维度进行改编与创新。

1. 从传统体育游戏的内容上进行创编

在传统体育游戏的开展过程中,教师可以根据学生的已有生活经验及自身的发展特点、水平,从游戏的背景、情节、玩法上进行创编。

对于游戏玩法的创编,具体方法有两种,一种是组合法,另一种是拓展法,两种方法的共同目的都是促进学生的全面发展。组合法就是把原有的两个或多个传统体育游戏巧妙地结合起来。拓展法就是根据传统体育游戏的具体内容,在保持原有游戏的玩法的基础上与其他领域内容相结合,对其游戏的内容和玩法进行适当的拓展,使之更加符合学生的身心发展需要。

2. 从传统体育游戏的组织形式上进行创编

在游戏的组织形式上,主要是把一些不同类型的游戏有机地联系在一起,也可以把一些传统游戏、歌谣改编成体育游戏,产生新型的传统体育游戏。

3. 从传统体育游戏的材料上进行创新

在现实生活中,随着传统游戏的不断衰退,传统体育游戏所需要的材料也越来越难以寻找,有的材料对现在的学生来说存在一定的安全隐患,有的材料对环境有一定的影响。因此,研究者在开展传统体育游戏的材料收集与选取方面做了努力,积极从日常生活中、从学校寻找可用的替代品。

(四)传统体育游戏的应用

在传统体育游戏的实施过程中,应严格遵守传统体育游戏的总目标,其具体目标有以下内容。

1. 情感目标

调动学生参加传统体育游戏的积极性、主动性,使学生在游戏中体验快乐、成功和自信,并感受到传统文化的熏陶;培养学生勇敢、顽强、不怕困难的精神;促使学生学会鼓励他人,培养合作精神,建立良好的同伴关系。

2. 认知目标

提高学生对体育游戏的参与性,养成锻炼身体的习惯;学生能够严格遵守规则,从日常小事做起。

3. 能力目标

提高学生基本动作水平,增强学生体质,促进学生身体各方面正常发育;具有一定的平衡能力、动作协调、灵敏;具有一定的力量和耐力;手的动作灵活协调。

二、学校传统体育游戏开发与应用的思考与建议

(一)广泛收集游戏原始资料,合理选取、创新学生传统体育游戏的内容

通过了解和查询各种资料来了解关于学生游戏的原始资料,发现学生游戏的种类有很多,而且不同的地区拥有不同特色的学生游戏。我国各民族的游戏有很多适合学生,需要我们稍加改动去进行开发与实践,以促进传统体育游戏的多样性。在这个过程中需要我们扬长避短,采取适合大多数学生身心发展的游戏动作,并在传统体育游戏中找到亮点,发现可以改良的地方并进行创新,使其更符合时代的要求,符合当代学生身心发展的要求。

(二)科学系统地安排开展游戏的时间、内容和形式

首先,在游戏的时间方面,应该进行更加合理的安排。不同学期的传统体育游戏安排应该有连续性,同时还要考虑到季节的变化,主要是春秋季节以走、跑为主,而冬季以跑、跳、平衡作为主要的活动。

其次,在传统体育游戏的内容方面,由于传统体育游戏种类多种多样,教师应该更加科学合理地安排。这就需要教师对传统体育游戏进行横向和纵向的结合,形成更具有结构层次的内容系列。

最后,在传统体育游戏的形式方面,要注意游戏的多样性和游戏之间的互补性。传统体育游戏的类型有很多,不同的游戏之间可以进行补充和结合,这样也会形成新的游戏。游戏的主体可以只是学生,也可以是学生和教师共同完成,还可以进行有趣的亲子游戏。这样不仅使传统体育游戏形式更加多样化,也增加了更多的乐趣。

(三)多种途径探寻开展传统体育游戏所需要的资源

传统体育游戏所需的资源有别于现代的一些大型的游戏器械,很多都是非常简单就能够获得的物品。但是传统体育游戏对于现代的体育活动来说又过于简单,且缺乏趣味性,久而久之学生难免会失去兴趣。因此,传统体育游戏应该与现代技术、现代教育理念进行有机的结合,将它们科学合理地组合在一起,以提供给学生更好的游戏活动,这就需要我们去多方面地挖掘和创造更新、更全面的材料。现代学生的体育活动多种多样,要求学生在体育活动中获得身体多方面的发展,我们应该改良学生传统体育游戏的资源,让其更好地适用于当代学生体育游戏的要求。

(四)注重地域和个体的差异,改良传统体育游戏的内容结构和活动过程

不同的地区都具有不同的传统体育游戏,北方和南方由于地域不同,所提供的学生进行游戏的材料也是不同的,如北方地区的雪橇、南方地区的竹子制品的游戏,这就体现了传统体育游戏的地域差异。所以我们应该根据现代游戏的特点,将更多的资源有机地结合在一

起,创造出更多、更好的传统体育游戏。每个学生身心发展特点是不一样的,同年龄段不同性别的学生发展特点也不一样,所以我们应该注重学生身心发展的个体差异,提供更合适、更科学的游戏活动。

我们应对传统体育游戏的内容和过程进行改良,以便更好地服务于学生。首先要丰富传统体育游戏的内容,增加更多的游戏种类,提供更多样的玩法,让学生在其中获得更多的游戏体验和乐趣。其次是要明确游戏的目标,提高游戏的效果。在活动过程中教师应考虑学生的情感,考虑学生的兴趣点,多站在学生的角度去衡量游戏。除此之外,还应让学生保持适当的挑战程度。保持适当的难度有利于维持学生的激情,从而更好地实施传统的体育游戏。

（五）重视游戏的准备和活动过程,保证学生活动的安全

为了更好地开展传统体育游戏,首先我们应该确保学生在游戏活动中的安全,并培养其自我保护的意识。

一是进行体验式的教育,让学生进行更好的学习,巩固其在体育活动中自我保护的意识,通过让学生进行直觉体验来培养学生在体育活动中自我保护的能力。二是通过学生在日常体育活动中遇到的事情,抓住契机,随机进行自我保护能力培养的教育。三是为学生创设良好、安全的户外体育活动的环境。四是教师应有意识地提高学生辨别体育活动中的危险意识,获得分析及解决危险问题的能力。

（六）根据学生的年龄特点开展适宜的传统体育游戏

由于不同年龄学生的身心发展水平不同,教师在带领学生进行体育游戏时需要根据学生现有的发展水平与特点来选择适合的体育游戏。

1. 低龄学生适合走跑类、情节丰富、规则简单的游戏

低龄学生对于新动作、新知识的学习能力较低,对于基本动作的掌握不是很牢固和熟练。在走跑类游戏中,没有过于要求学生对动作技能的掌握,基本锻炼学生的灵活性和协调性,是最适合低龄学生的游戏类型。在游戏规则上,低龄学生很难遵守、理解规则,在游戏进行的过程中经常忽略游戏规则,随自己的心意进行游戏。对于游戏内容,低龄学生更喜欢具有丰富故事情节和多种角色的体育游戏,故事情节主要来源于日常生活中的点点滴滴和童话故事等。

2. 中年级学生适合跑跳类、简单投掷类、有无情节、具有一定规则的游戏

中年级学生具有了一定的学习能力,所掌握的基本动作也在逐步增多,动作的协调性也得到了一定程度的提高。在跑跳类、简单投掷类游戏中,既提高了学生的基本动作发展水平,又能够锻炼学生的部分动作技能,增加了一定的难度。中年级学生在进行体育游戏时,已经能够基本遵守游戏规则。中年级学生对于游戏情节不是非常重视,能够接受一些无情节的游戏,一般是在游戏中进行分组比赛,在比赛的过程中注重同伴之间的合作,关注比赛结果,重视胜负。

3. 高年级学生适合钻爬、投掷、平衡等难度较大的、具有竞赛性的游戏

高年级学生的体质发展迅速,已经能够熟练掌握基本动作。因此,高年级学生应更加重

视动作技能的发展。随着高年级学生学习及理解能力的增强,在选择游戏进行户外活动的过程中,高年级学生更加喜欢带有竞赛性、新鲜感的游戏,并能够初步改编游戏,具有组织游戏的能力。

(七)根据学生年龄特点,教师应采用不同的指导方式

1.低龄传统体育游戏中教师的指导方式

在低龄学生进行传统体育游戏的过程中,教师主要采用语言讲解和动作示范相结合的指导方式。教师在进行语言指导时,语言要通俗易懂、生动形象。在游戏开展前和游戏进行中,教师需要不断重复游戏规则,在必要的时候还可以作为游戏者参与到学生游戏中。

2.中年级传统体育游戏中教师的指导方式

在中年级学生进行传统体育游戏的过程中,教师对学生的指导主要采用语言讲解的方式,并结合少量的动作示范。教师需要特别注意在游戏的过程中提示学生注意遵守游戏规则,根据学生的现场反应和游戏的结果可以适当开展游戏竞赛。

3.高年级传统体育游戏中教师的指导方式

随着高年级学生言语能力的不断提高,在游戏的开展过程中,教师主要采用语言讲解的方式对学生进行指导,几乎不对学生进行动作指导,尽可能地减少参与学生的游戏,使学生能够独立开展游戏,并严格遵守游戏规则,加强与同伴的友好合作,共同取得良好的游戏结果。对于高年级学生来说,教师可以尝试让学生独立创编游戏、组织游戏,并能够简单地对游戏结果和过程进行评价。

第五节　传统体育游戏全面整合乡土资源

一、课程资源的界定

课程资源属于资源。从词源上来看,"资"是指"财务、本钱、供给、资助";"源"是指水流起头的地方,引申为事物的来源。而课程资源便是对"资源"的延伸与拓展。

从内涵上看,课程资源的界定可以从课程目标、教育目的、课程实施、教学活动等角度来进行分析。课程资源是课程设计、实施、评价等整个课程编制过程中可以利用的一切人力、物力以及自然资源的综合,包括教材以及学校、家庭、社会中所有有助于提高学生素质的各种资源;课程资源是富有教育价值的,能够转化为学校课程或服务于学校课程的各种条件的综合;课程资源是指可能进入课程活动,直接成为课程活动内容或支持课程活动进行的物质和非物质的一切。

二、课程资源的特点与分类

(一)课程资源的特点

1.课程资源的潜在性

待开发性,即潜在性课程资源,同其他一切功能性资源一样,无论其存在形态、结构,还

是其功能和价值都具有潜在性。它不是现实的课程要素和条件,必须经过课程实施主体自觉能动地加以赋值、开发和利用,才能转化成现实的课程成分和相关条件,从而发挥课程作用和教育价值。相对于现实课程和课程实施条件来说,课程资源是一种"自然"因素,必须经过主观赋予意义之后才能进一步开发和利用。需指出的是,课程资源的待开发性是以含有课程潜能为前提的,即课程资源要有开发的价值和效益,是"可以开发的"。

2. 课程资源的不确定性

生物资源、矿物资源等自然资源完全是以资源本身的、客观的、质的规定性来分类的,不以人的主观意志为转移。而课程资源则与其不同,课程资源是客观社会资源经主体意义筛选后的、具有主观与客观特点的资源,其涉及范围广,不但有物质方面,还有制度方面和精神方面。课程资源根据主体需要而人为命定,是课程资源与一切自然资源的最大区别,同时也就决定了它的不确定性。由于不同的主体对课程资源的理解不同,所以其规定和划分也不同,即课程资源的形态是游移的,随主体的意义选择而定。

课程资源与其他社会资源往往相互整合,或者本身就是同一物,很难分清"我"与"他"的界限。正是由于课程资源的丰富性,一种课程资源的体现形式和分布可能呈现错综复杂的情况,很难用统一的标准划分其质量归属、形态边缘和规模数量。从某种意义上说,人为命定是课程资源进入课程领域的关键,取决于主体的课程观和课程意识,是主体意义筛选课程资源的过程。当然,也只有主体对课程意义和课程可能性有高度的敏感性和自觉性,才能开发利用丰富的课程资源。

3. 多样性

首先,课程资源的"客观状态"具有多样性。不同地域、不同时代,可供开发和利用的课程资源不同,其构成形式和表现形态也各异。在不同的文化背景下,人们的价值观念、道德意识、风俗习惯等具有差异性,其认定的课程资源也各具特色。由于学校层次、规模、传统以及教师素质和办学水平不同,可供开发和利用的课程资源亦不同;由于学生个体的家庭背景、智力水平、生活经历不同,可供开发与利用的课程资源必然千差万别。

其次,课程资源人为命定的结果是多样的。不同的主体,其各自存在不同的人生经历、学识水平、教育观、课程观等,这势必导致对课程资源筛选和评价的不同,从而形成课程资源开发利用形态的多样性。这一方面能最大限度地发挥课程资源的现实效益,但也可能由于表现形态的复杂化而造成重复开发,从而增加开发利用的成本。

最后,课程资源的功能具有多样性。由于课程资源是为实现广泛的课程目标服务的,因而课程资源实现的课程目标也是多样的。又由于课程资源与社会资源的同构性,课程资源作为社会资源也具有社会效益,即课程资源具有的功能并非在课程领域仅有。正因为课程资源的丰富性和相互作用的复杂性,所以要明确规定课程资源的作用是非常困难的。

4. 动态性

一个地区的课程资源在一定时间内总有一定的限度,但这个限度又具有很大的伸缩性,即人为命定的不确定性。区域的区位条件、自然环境、经济水平、民族文化和社会条件等,都影响着课程资源的客观存在和动态发展。在不同的历史阶段,课程资源的内涵、外延及内容不同,其本身有一个与时俱进的发展过程。另外,课程资源是一个与社会资源系统、人的主观价值系统和开发条件等动态适应的子系统,因而不同主体在不同情景下面对和可能开发利用的课程资源是不同的。课程资源是动态的,也是开放的,同时又具有较强的情景性,因此必须针对具体的时空条件和情景进行开发和利用。

(二)课程资源的分类

1. 依来源分类

根据来源,课程资源可分为校内课程资源和校外课程资源。

校内课程资源包括:校内的各种场所和设施,如图书馆、实验室、专用教室、信息中心、实验实习农场和工厂等;校内人文资源,如教师群体,特别是专家型教师、师生关系、班级组织、学生团体、校风校纪、校容校貌等;与教育教学密切相关的各种活动,如实验实习、座谈讨论、文艺演出、社团活动、体育比赛、典礼仪式等。校内课程资源是实现课程目标、促进学生全面发展的最基本、最便利的资源。课程资源的开发与利用首先要着眼于校内课程资源。没有校内课程资源的充分开发与利用,校外课程资源的开发与利用就成为奢谈。

校外课程资源包括学生家庭、社区乃至整个社会中各种可用于教育教学活动的设施和条件,以及丰富的自然资源。其中,社区的图书馆、科技馆、博物馆等都是宝贵的课程资源,学生家长与学生家庭的图书、报纸、电脑、学习工具等也是不可忽视的课程资源。可见,丰富的自然资源是人类生存和生活的基础,也是教师开发与利用的重要课程资源。由于校外课程资源可以弥补校内课程资源的不足,所以充分开发与利用校外课程资源能为教师转变教育教学方式、适应新课程提供有力的支持和保证。

2. 依性质分类

根据性质,课程资源可分为自然课程资源和社会课程资源。

我国幅员辽阔,山川秀美,物产多样,可开发与利用的自然课程资源极为丰富。同样,人们可以开发与利用的社会课程资源也是丰富多样的。例如,图书馆、博物馆、展览馆等无疑是重要的课程资源;道路的线条美、雕塑的造型美、音乐的节奏美等均可成为陶冶学生情操的课程资源;人类活动的交往,如政治活动、军事活动、外交活动、科技活动等也可成为课程资源。另外,价值观念、风俗习惯等与教育教学活动有着直接的关系,因而也是不可或缺的课程资源。

3. 依物理特性和呈现方式分类

根据物理特性和呈现方式,课程资源可分为文字资源、实物资源、活动资源和信息化资源。

文字的产生,纸张和印刷术的发明促进了人类文化的传播和教育教学活动的发展,以教材为主的印刷品记录着人们的思想,蕴含着人类的智慧,保存着人类的文化,延续着人类的文明,直到今天仍然是最重要的课程资源。

以计算机网络为代表的信息化资源具有信息容量大、智能化、虚拟化、网络化和多媒体的特点,对于延伸感官、扩大教育教学规模和提高教育教学效果有着重要的作用,是其他课程资源所无法替代的。随着教育现代化进程的不断推进,信息化课程资源的开发与利用已势在必行,它将是最富有开发与利用前景的资源类型。

4.依存在方式分类

根据存在方式,课程资源还可以分为显性课程资源和隐性课程资源。

显性课程资源是指看得见、摸得着,可以直接运用于教育教学活动的课程资源。如教材、计算机网络、自然以及社会资源中的实物、活动等。作为实实在在的物质存在,显性课程资源可以直接成为教育教学的便捷手段或内容,比较易于开发与利用。

隐性课程资源一般是指以潜在的方式对教育教学活动施加影响的课程资源,如学校和社会风气、家庭气氛、师生关系等。与显性课程资源不同,隐性课程资源的作用方式具有间接性和隐蔽性的特点,它们不能构成教育教学的直接内容,但是它们对教育教学活动的质量起着持久的、潜移默化的影响。因此,隐性课程资源的开发与利用更需要付出艰辛的努力。

5.依功能特点分类

根据功能特点,可以把课程资源划分为素材性课程资源和条件性课程资源。

素材性课程资源包括知识、技能、经验、活动方式与方法,情感、态度和价值观等方面的因素,其特点是作用于课程,并且能够成为课程的素材或来源。条件性课程资源包括直接决定课程实施范围和水平的人力、物力、财力、时间、场地、媒介、设备、设施和环境,以及对于课程的认识状况等因素。

三、开发乡土资源的有效方法

(一)树立科学的乡土资源观

观念是行动的指向标,体育教师对校内乡土资源开发的重视程度将直接影响体育游戏课程资源的开发行动与开发成果。因此,树立科学的资源观应成为开发与利用体育游戏乡土资源的首要条件。

从实际行动上来讲,体育游戏乡土资源的开发与利用主要是校内领导者与教师进行的,所以树立科学的乡土资源观主要是针对学校教育工作人员而言,尤其是教师。首先,领导者要增强资源意识,制订资源开发的相应标准与相关准则,以便更好地指导教师的教学工作。同时,校内工作者还应该将自己看成资源的开发者,摆正自己的教学角色。其次,教师要树立乡土资源观。教师是开发与利用校内乡土资源的主体,直接关系着体育游戏教学活动的效率与质量。为此,体育教师应将校内的人力资源、物力资源、财力资源、环境资源整合为一个有机的整体,以可持续发展的原则进行据实开发,以便保证体育游戏课程能够得到最优的效益。当然,开发的目的是应用,为了保证体育游戏乡土资源的持久性与可利用性,教师应想办法提高资源的可利用率,做好节约工作,强化成本意识,避免浪费。

(二)建立体育游戏乡土资源开发与利用工作的保障机制

保障机制主要是建立校内物力资源开发的保障机制与校内财力资源的保障机制,因为这两项保障内容是实施体育游戏教学活动的基本物质条件保障。

学校校内物力资源的范围十分广泛,主要包括开展体育游戏活动所必需的资料资源、设备资源、设施资源等,它们开发与利用的好坏直接决定体育游戏教育活动能否顺利进行。为此,体育教师应从下面两点来建立物力保障机制。

第一,不断完善体育游戏理论教学活动所需的资料资源。每一轮体育游戏活动的开展都需要有一个明确的教育目标和大纲,这是引导体育游戏方向的重要依据。为此,教师应该全面分析体育游戏教学的现实情况,了解我国教育部对体育游戏教学所提出的明确要求与指导建议,以便丰富体育游戏课程的理论教材。在实施体育游戏课程内容的时候,教师应该听取一些优秀的一线教师的教学建议,了解每一个学生的实际需求,以便制订出符合体育游戏教学实际、教师与学生都乐于接受的体育游戏教学活动。对此,每位教师都可结合本校实际来开发体育游戏校本教材,将其作为体育课程的辅助教学资料,以便设计出丰富而全面的体育游戏教学活动内容,从而不断完善体育游戏教学的理论内容。

第二,不断完善校内体育教育相关设备与设施资源。体育教育活动的开展必须具备一定的设备条件,所以学校还需要加大教学设备的投入力度。大多数学校都没有专门开设体育游戏教学活动的场所,这就需要学校适当建立体育游戏教学活动中心,以便让学生在体育游戏受教过程中有一个良好的环境,使他们在专门的活动室、体育游戏基地等场所来提高自己对体育游戏内容的认识。

(三)加大校园文化建设力度

加大校园文化的建设力度,提升高校内部的软实力校园文化,是教育工作者为了实现学校的培养目标,通过教育、学习、科研、管理、生活等各个领域的活动所创造出来的一种与社会、时代密切相关而又具有校园特色的人文氛围、校园精神和生存环境,是校园人在长期的"教书、管理、服务"育人过程中形成的一种理想信念、价值观念和行为规范,是凝聚人心、鼓舞斗志、催人奋进的一面旗帜。校园文化资源主要包括校园群体文化资源、校园时尚文化资源、校园舆论文化资源和校园建筑文化资源,将这些文化资源加以开发利用,并与体育教育相融合,必将开创体育游戏教学的新局面。

(四)合理应用现代信息技术

现代信息技术的发展使得人们进入数字化、信息化的社会环境中,可以说,现代信息技术已经成为最主要的教学辅助技术,这就直接改变了学生的学习与生活环境,也改变了体育游戏教学环境。因此,体育教师应学会与时俱进,在体育游戏教学中合理引入现代信息技术,以便探索出新的体育游戏教学方式。在体育游戏教学中应用现代信息技术,可以大大丰富体育游戏课程的教学资源,同时还可为学生的个性化发展提供技术支持。要想在体育游戏教学中合理应用现代信息技术,教师可以从以下四个方面入手。

1. 建立体育游戏电子档案

体育游戏工作是体育素质的重中之重,要想提高体育游戏教学的实效性,教师就应该先从管理入手,以有效的管理来使学生获得良好的成长与发展。建立体育游戏电子档案需要体育教师利用现代信息技术来管理体育游戏档案,以促进档案管理的规范化,以程序化的教学程序来保证体育游戏工作的有序性。

体育游戏电子档案可收录大量的学生资料,如音像资料、特色教育、体育游戏成果、大型活动、校园文化建设、心理健康教育、家长学校、班主任工作、常规管理、规章制度、体育游戏法规等,这些电子类的档案内容便于保管,且不易损坏,所以可以有效节约体育游戏教学管理的成本与支出,还能更加及时、全面地录入体育游戏教学内容。因此,教师应合理利用电子体育游戏档案管理,以便提高体育游戏管理工作的效率。

2.开发与应用体育游戏软件

教师可以开发体育游戏软件,如使用 Excel 表格来记录学生的学习成绩,使用校园网、通信平台等来及时追踪与分享学生的体育游戏表现,使用班级博客来与学生、教师、社会进行良好的沟通与交流,以文字、声音、视频、动画等多种方式来记录学生的学校生活表现、家庭生活表现、社会生活表现,让学生对自己在体育游戏课程中的表现与学习进行交流与互动,从而加强学生的情感沟通,以便让他们对体育教育抱有积极、谦虚的受教心态。

实际上,互联网技术的发展使得许多教师都意识到了利用信息技术来改善体育游戏教学的重要性,所以他们开始主动学习信息技术、学习创设体育游戏网站、建设体育游戏工作交流平台等,或者直接利用一些现成的体育游戏网站来让学生在线上接受体育游戏教育。对此,教师应该教会学生浏览绿色网页,让学生学会辨别是非真假,尽最大可能避免网络上的不良信息对学生造成负面影响。因此,网站的筛选与体育游戏内容的筛选工作需引起教师的重视。

3.合理使用多媒体技术

除了构建网络平台、设计网站、开发校信通等信息技术之外,多媒体技术才是在体育游戏教学中应用最为广泛的现代信息技术。多媒体技术是专指电脑程序中处理图形、图像、影音、声讯、动画等的电脑应用技术,它利用电脑把文字、图形、影像、动画、声音及视频等媒体信息数字化,并将其整合在一定的交互式界面上,使电脑具有交互展示不同媒体形态的能力,极大地改变了人们获取信息的传统方法,符合人们在信息时代的阅读方式。在体育游戏教学中,教师可以利用多媒体来为学生播放动画、影片、歌曲等,使他们在丰富而生动的画面引导下接受安全教育、爱国教育、心理健康教育、环境教育、文明礼仪教育等。将多媒体技术应用于体育游戏教学之中,可使学生从单调、乏味的说教中挣脱出来,以形象的画面来让学生接受精神启迪,从而保证体育游戏内容的情感性与情境性。

4.注重对相关专业教材的编写

由于各个地区各种不同的民俗体育项目具有各自的优势及特点,因此需要专门的人员对其内容进行整理,虽然需要消耗巨大的人力和物力,但是其作用却是一般体育课程所不能达到的。比如,各个地区舞龙文化的来源和发展历史,端午节艾草的功能作用,都可以划入民俗体育项目中去。基于此,学校可以邀请各高校的民俗体育教育专家,并将各个地区的民俗文化书籍与地域性特色项目相结合,开发出一套专门的、适合各个地区的民俗体育教材。此外,各个地区的体育教师也应配合学校的要求,注意观察学生的行为和特点,根据学生的实际情况,有针对性地将一些新颖的民俗体育项目融入体育教材,提高学生的兴趣。

第六节 传统体育游戏的活动评价

一、表现性评价

评价的过程是反馈、诊断和发展的过程,也是进行价值判断的过程。评价的方式有多种,我们所了解的有形成性评价、终结性评价、档案袋评价、表现性评价和真实性评价等。其中,表现性评价作为一种间接性的评价模式,存在着与其他评价不同的特点。

首先,表现性是指向研究对象外显的、可表征的行为、表情与语言,并能通过完成实际任务,也就是完成表现性评价中的表现性任务来实现,具有问题情境偏真实、关注知识和技能的综合应用、鼓励学生的发散思维这些特点。根据以上这些特点,研究者认为表现性评价是指通过要求学生在某种特定的真实或模拟情境中,运用先前所获得的知识完成某项任务或解决某个问题,以此考查学生知识与技能的掌握程度、问题解决能力、交流合作方式和批判性思考等多种复杂能力的发展状况。

所以,表现性评价特指通过学生完成的表现性任务,对学生的行为、语言和表情进行具体表征,观察学生对游戏中所涉及关键经验的综合应用能力,从而评价游戏中关键经验,落实民间竞技游戏的现代化价值和实际运用价值的一种评价方式。

二、表现性评价的一般规范和要求

通过对表现性评价知识点和文献的梳理,将其一般规范和要求梳理如下。

第一,表现性任务提倡的是一种动态的、过程性的评价,并且强调评价在教育中的意义,要求评价任务不能与评价目标脱节,要与其一致。针对这一特点,表现性评价便特别适合用于对3~6岁儿童的评价。因为该年龄阶段的学生书写能力和口头语言能力仍然十分有限,无法准确利用符号表达自己的想法,只能通过行为动作表现出来,我们偏重活动过程的评价便能更确切地了解他们经验的发展和经验发展的过程。

第二,表现性任务考查学生关键经验的综合运用和灵活使用。关键经验在幼儿身上的体现是错综复杂的,一种行为可能同时蕴含多种关键经验,一种关键经验也可以表征为不同的行为,关键经验这一特性使得我们在评价过程中要考虑到学生对其综合、灵活的运用。

第三,表现性任务依赖于真实情境,适用范围广,局限性小,且外部信度较高。与传统的标准化测量相比,表现性评价不仅克服了仅能测试低水平知识这一点,还能测量出于真实情景中的复杂成就和情意表现。与"学习故事"相比,虽然二者的理念相近,但表现性评价对于行为表征的重视使其相较于"学习故事"更容易进行实证研究。

三、民间竞技游戏中关键经验的操作性定义

完善关键经验的操作定义,将关键经验进行更具体的表征:首先是身体发展与健康这一

大类,包括大动作技能、精细动作技能和身体知觉。一是大动作技能,人的大动作发展都是从头至躯干再到附肢,涉及人身上的多个大肌肉群,并从可移动向非移动式发展。二是精细动作,主要指利用手及手指等部位的小肌肉群,在多方面心理活动的配合下完成任务的能力,包括抓握、投掷和身体各方面的协调能力。三是身体知觉,体现为调动和控制自己的身体以及平衡感的能力,在研究中主要体现为走平衡桥和能坚持某一动作多长时间。

其次是社会性和情感发展中的情绪、合作游戏和冲突解决。情绪包括识别、归类和管理自己的情绪,在游戏中主要体现为通过语言表述来识别自己的情绪,并能够对过于激动、愤怒、悲伤这些情绪加以控制。

最后是学习方式中的主动性、问题解决,以及通过文献梳理而添加的竞争性和关注性。主动性,即认为其在游戏中体现为肯接受任务、愿意参与游戏,并能够尝试有难度、有挑战性的任务。问题解决结合游戏实际体现为能确保游戏顺利进行的各种行为。竞争性在游戏中主要体现为,为了赢得游戏而付出努力,包括个体竞争和团体竞争,也可分为恶性竞争和良性竞争。关注性即在一分钟之内能够有30秒以上的时间关注游戏本身、教师或自己的游戏同伴。

四、表现性评价的过程及方法

(一)界定评价目标

评价目标的选择应该基于评价目的,这里的评价目的是为了解读民间竞技游戏在学生学习品质培养上的价值,通过文献梳理的方式将对学生学习与发展最重要的主动性、坚持性、专注度、想象与创造、好奇心与兴趣、合作性、反思与解释确定为评价指标。

在评价目标确定之后,需要将目标具体化为可观察的行为,这是开展表现性评价的关键。

(二)确定表现性任务

合格的表现性任务应该包含正确的内容,能够引发正确的反应,也就是能够引发所需评价能力的表现。

可通过开展民间竞技游戏活动来引发学生游戏行为,通过解读学生游戏行为中的学习品质评价民间游戏在学生学习品质培养上的价值。不同的民间竞技游戏在学习品质培养上的价值不同,结合表现性任务的特点,我们应当选择最能表现学生学习品质的游戏作为表现性任务进行表现性评价。

(三)进行游戏观察

学生的表现性评价的情境务必是接近生活的、真实的、复杂的任务,因此,对学生进行全面观察是对学生进行表现性评价的必要步骤。

(四)实施评价

表现性评价中常用的评分记录工具有核查表、等级量表。

评分方法由两部分构成,先通过游戏行为检索技术对录像中学生的游戏行为进行检索,然后通过录像编码技术将检索到的游戏行为通过评分规则编码为学习品质的分数。

根据学习品质编码工具表对学生的游戏行为进行编码。在游戏过程中游戏行为的检索结果是次数,游戏行为的编码结果是学习品质的分数。一次游戏行为可能蕴含多种学习品质,含有某一种品质,这种品质就计1分。

第四章

民族传统体育之游戏活动分析

第一节　民族传统体育基本技能游戏

一、投准游戏

（一）古朵

古朵游戏是由牧羊人劳动之余常玩的一种游戏发展而来的。该游戏的方法是牧羊人在一条软鞭头上拴住一小球，然后用旋转甩动方法击中牲畜。后来这种游戏逐渐演变成一种旋转投远的体育活动。该游戏还可以用旋转的方法作投准动作。如在一定距离处用几根小木棒垒搭起来，上面放一个球，古朵甩出的球把球打掉，而下面的小木棒不动为胜。

（二）掷子

掷子又称扔石锁，掷子是用青石打成似古铜锁形状的石器，少年儿童练习可用沙袋代替。单人、双人、集体练习均可，动作有扔高、砍高、传接高、扔接荷叶等多种。练习时要精神集中，手眼、步法要配合一致，以达到动作的稳、准。

（三）穿藤圈

穿藤圈游戏是人们为训练捕杀山猪的技能而常以标枪穿藤圈所进行的练习活动。后来这种游戏逐渐演变为竞技游戏。该游戏要求藤圈直径80厘米，用红藤制作。穿标多以竹制，后端拴有绳索。游戏时一人持圈向前抛滚，持标枪人向滚动的藤圈投掷。标枪从圈中穿过为胜。

（四）打台

打台游戏是小男孩十分喜欢的一种民间游戏。游戏中所用的"台"是几根一头粗一头细的短树棍。该游戏方法是在地上画条线，线前放一树"台"，玩时用手中握的"台"去击打线前树"台"使其跳起来，还能过线。

（五）打瓦

打瓦游戏是广泛流行的一种民间游戏。每逢过年、重大节日或农闲季节，青少年、儿童聚集在平坦的场地上，在相距40～50步的地方立一块砖高的方石，参加者手持一块瓦片，从远处用力抛击方石。久而久之，"打瓦"游戏逐渐演变为一项传统的抛掷游戏。后发展为比赛时，规定每人打瓦三次，以打倒的方石次数多者为胜。

（六）雁落沙滩

雁落沙滩是少年儿童十分喜爱的一种投准游戏。该游戏主要分为两队，相互交叉站在大圆外，每人手持三个小沙包，开始由一队先往小圆内投准，投中1～8号格内得1分，沙包落入9号格内得2分。该游戏以得分多的队为胜。

（七）叉草球

叉草球游戏是由叉鱼演变而来的一种游戏。人们只要见水中冒出一圈圈水纹，就知道鱼在水下吃食，这时用代尖的竹竿迅速插下去，必然命中。叉鱼技巧是大人捕鱼中拿手的一招,少年儿童通过模仿大人叉鱼的技巧,在没鱼的情况下,就在草坪上以滚动的草球类似鱼在水中游耍,去叉中草球而创造出来的一种游戏。

二、其他游戏

(一)鸡枞陀螺

鸡枞属于蘑菇的一种,而陀螺似蘑菇,因而被称为鸡枞陀螺。陀螺以硬质木头制成。该游戏方法是玩时先用细绳套住陀螺,用力拉,将陀螺先在地上旋转起来。对于技巧较高的人来说,从胯下或转身把旋转的陀螺投放于地,使其长时间旋转是十分容易的。该游戏的玩法是进行陀螺冲撞比赛,以碰撞次数和旋转时间长短判定胜负。

(二)打尺寸

竹棍一节(铅笔大小),木棍一根,几个人在一块平地上就可活动起来。该游戏方法要求一人持木棍和竹棍站在圈内,用木棍击竹棍飞向前方,其余人在前奔接。可实行轮流打交接。

(三)哆毽

哆毽游戏与踢毽游戏十分相似。但是,哆毽游戏不用脚踢,而是用手打。以打得高、远,接得稳,落地少为胜。该游戏可采取单打、对打或围成圆圈集体打的形式进行。技艺高超的能手,一口气可连续打600~700次,打法多变,身姿优美,时而像凤凰起舞,展翅高飞;时而全身扑下如"海底捞月";时而似深山鸣泉,流畅舒展;时而彩毽高抛,来个"鹞子翻身"等。

(四)丢花包

丢花包游戏是一种互相投掷的游戏,类似于打排球。该游戏是青年男女约会时,借以互相了解加深感情而采用的一种活动方式。游戏所用的花包是用各色布缝制而成的,包内装有粳米、黏米、高粱。后来该游戏逐渐形成了一种休闲娱乐项目。

(五)打响鞭

打响鞭游戏是一种广为流传的民间游戏。响鞭类似赶牲口的鞭子。鞭长约3米,鞭把是约30厘米长的圆木棍。打响鞭靠臂力将鞭抡起,向逆时方向旋转,然后在空中猛地向顺时针方向旋转,一种猛烈地转动,发出叭叭的清脆声响。

(六)降落伞

降落伞游戏是少年儿童自己创造的一种玩耍游戏。该游戏所用的降落伞是用纸叠成,后又用一块手绢,把四个角用细线拴住,然后把四个角的长线束在一起,并拴上一块小石头子。该游戏方法是玩时抓住手绢向上抛出,降落伞便在空中展开,然后飘摇着缓慢地落地。大家一块玩,有时比赛降落伞抛得高,且落下时按指定地区落得准为胜。

三、特色游戏

(一)轮子

轮子游戏是人们常常开展的一种别具风格的娱乐活动,男女老少都可以参与。该游要求每次两人坐轮,有人推轮使之加快转动。该游戏被当地老人称赞说:"一年转上几次轮子,腰不痛,腿不酸。"轮子游戏不仅可以强身健体、娱乐身心,而且还寄托着当地人吉祥如意、平安康乐的心愿。过去轮子是用大板车的车棚、轱辘等制成,后来有很大改进,用钢管做轮盘,套上滚珠轴承,饰以彩旗飘带,使古老的轮子更加光彩夺目。

(二)打磨秋

打磨秋是一项传统娱乐活动。每逢过节时,当地各村寨的人们都会聚集在秋场上为欢庆丰收而开展打磨秋活动。该游戏所使用的磨秋是一根约 2 米高的坚硬木,顶端削细作轴心立起,再用一横木杆中间凿凹架在轴上制成的。该游戏的方法是两人伏扑在杆上或骑或坐,先是低杆来回旋转,继而一头升起一头落地,此起彼落,上上下下,悠悠荡荡,颇有乐趣。

(三)两人秋

两人秋是一种民间娱乐活动,它与传统的荡秋千相似,但又有很大不同。该游戏是在两架近 3 米高的支架中间系上 3 股缰绳,离地约 20~30 厘米进行的。游戏方法是二人相对,腰背部搭上一股缰绳,手臂展开,扶住绳子,两人双脚一齐踏在另一根绳子上。一方用脚蹬地使绳悠起,然后轮流用劲,秋千可以荡得很高。两人还可比赛看谁能拾起放好的手绢、毽子等物。

(四)车秋

车秋是秋千的一种,形状与纺车十分相似。车秋是由四根木柱分立两边作为支架,中间横担着秋棍,左右各用两根木柱交叉地镶在秋棍上,类似车的辐条,在顶端左右相连,挂着秋千绳。每架车秋同时坐 4 人,也有 8 人的。游戏者由着地的人轮流用脚蹬地,车秋像车轮一样飞快地转动,别有一番趣味。

(五)八人秋

八人秋是传统的赶秋节活动。在当地,重大节日除了举办打花鼓、舞狮子、耍灯等活动外,荡八人秋也是一项十分有趣的娱乐活动,普遍受到男女老少的喜爱。荡秋千游戏规定"竖秋千八人坐,谁转上面就唱歌"。就是当快速旋转的秋千突然停下时,谁在最上面就要唱支歌。

(六)沙哈尔地

沙哈尔地又称为"空中转轮"。转轮的主轴约 15 米高,与木轮、轮杆以绳索联结而成。主轴垂直竖立于地面,轮杆套于主轴底部,主轴顶端装木轮,木轮与主轴底部轮杆用索相连,推动轮杆就可带动木轮旋转。木轮两侧各系两条长绳供玩者牵附,8 人向同一方向推动轮杆,使木轮转动,带动绳端两人旋转,木轮转得越快,人飞得就越高。

四、综合游戏

(一)压压板

压压板游戏是一项流传已久的儿童娱乐活动。该游戏是在一段圆木上架起一块长木板进行的,板子两端各坐一个孩子,你压一下,我压一下,一上一下十分有趣。

(二)捻捻转

捻捻转游戏是从空竹演变而来,因此又称为空竹。空竹深受少年儿童的普遍喜爱,且它一般都是由孩子自己做成的。空竹的做法是用一小铁片,中间钻一个小眼儿,插上一根下端削尖的小棍儿,拇指和食指捏紧小棍儿上端,使劲一捻,松手,它就在平滑地上飞快旋转。少年儿童玩捻捻转往往会比赛看谁转得时间长。

(三)抖空竹

在我国,抖空竹游戏有着十分悠久的历史。空竹有双头和单头两种,双头容易平衡,易学;单头难度较大,但花样多,更好玩。旧时空竹做得十分讲究,北京最有名的要属"空竹高",它的声音洪亮悠扬。游戏者双手各握一线杆,抖起来发出十分悦耳的声音,令人心旷神怡。

(四)拾子

拾子是深受少年儿童尤其是小女孩喜爱的一项娱乐活动。该游戏常常是几个少年儿童选择一块平坦的地面,席地而坐,中间留出游戏的空地,选拾蚕豆、桃核数个,一个滚圆而光滑的石子进行的玩耍活动。游戏开始,先由一个将豆抛撒地上,然后向上抛小石子,同时在一瞬间迅速抓豆(按规定每次抓多少)。抛一次石子抓一次,比赛一次全抓完中途不坏为胜。

(五)抓嘎拉哈

抓嘎拉哈游戏也是一项十分受儿童、少年喜爱的休闲娱乐活动。抓嘎拉哈游戏时将数枚嘎拉哈摊撒在毛毡上,轮流交替抓"嘎拉哈"。玩时一只手将一个铜球抛起,然后抓毡上的"嘎拉哈",抓起再迅速接住铜球为胜。

(六)翻竹竿

翻竹竿游戏中所用的竹竿长约2.5米,直立地面,一人扶竿,另一人手握竿的下端,侧转身经一个方向翻转,手不能离竿,比姿势低、翻得快、次数多为胜。另外一种方法是翻竿人双手握一端翻转。

(七)掷栖

掷栖游戏也是一项十分有趣的娱乐活动。该游戏中所用栖是将两根圆形短木棒竖着一劈两半制作而成的。游戏时将四根劈开的木棒抛起,落地时,半圆木棒的平面朝上时叫"翻",凸面朝上时叫"朴"。比赛记分法为:一翻三朴为1分,二翻二朴为2分,三翻一朴为3分,全翻为4分,全朴为5分。得全翻或全朴者有权再掷一次。得分多少在棋盘上走子。

(八)盲人摸鱼

盲人摸鱼也是少年儿童很喜欢玩的一种游戏。该游戏要求一个人用手绢蒙住双眼,扮作盲人;另一人扮作一条小鱼在圈内游动。然后,由盲人追摸,如果被摸住了或出了圈,双方对换角色,游戏重新开始。

(九)母鸡护蛋

母鸡护蛋游戏深受青少年和儿童的喜爱。在参加游戏者中推选一人扮"母鸡",两手撑地两前脚掌着地,守护身下三个鸡蛋(以石块沙袋代替),其余人扮"鸡仔",设法把鸡蛋取出来,但不能被母鸡两腿触及,在规定时间内把蛋取出则为胜。

（十）天下太平

天下太平游戏通常是两个少年儿童一起玩的游戏。该游戏的方法是在地上划好两个大"田"字,然后双方对站,用手势做"锤子、剪刀、布"状出拳。锤子赢剪刀,剪刀赢布,布赢锤子。玩时每赢一次在格内写一笔,田字的四个分格内被"天、下、太、平"四字填满,以先填满为胜。

（十一）翻绳

翻绳游戏是一项深受少年儿童喜爱的民间游戏。该游戏的方法是两人席地而坐,备一定长度的线圈儿。玩时先由一人用两手把线圈套在手指上（大拇指与四指中间）,另一人用两小手指一挑一撑,就变出一个花样。两人轮流撑来挑去,花样层出不穷,有时在大人的帮助下不断地增加好多新的花样。

（十二）锤子、剪刀、布

锤子、剪刀、布游戏在青少年儿童中十分流行。锤子、剪刀、布主要有两种玩法:一种是用手势猜拳法,一种是用脚势比胜负。如两脚向侧分开跳为"布",并脚跳是"锤",两脚前后站是"剪子",剪子剪布,布包锤子,锤子砸剪刀。少年儿童有时原地玩比胜负,也有时以此做追逃游戏,胜者追,败者逃。

（十三）踩棍

踩棍游戏是深受少年儿童喜爱的一项娱乐活动。该游戏要求在松软地或草坪上进行,规定在一定距离放三根短棒做枕木,在短木上放一根长圆木。游戏时一人或两人站在木上,两脚依次向前、向后踩棍,使圆棍随之在枕木上滚动,比赛脚不落地、滚动时间长为胜。

（十四）捞小尾巴鱼

捞小尾巴鱼游戏是生活在胡同院子里的少年儿童常玩的一种抓小鱼游戏。该游戏是由两个大些的孩子相对拉手高举,其余少年儿童排队依次从手下钻过,边钻边唱:"一网不捞鱼,二网不捞鱼,三网单捞小尾巴,尾巴……"直至套住某个孩子时,才说出"鱼"字的娱乐活动。大家欢笑一阵,之后接着再玩。

第二节　民族传统体育对抗竞争游戏

一、角力游戏

（一）拔腰

拔腰游戏是人们劳动余暇的一种娱乐活动。以此游戏解除疲劳,久而久之形成传统。游戏时两人搂抱在一起,伴随山歌拔起腰来。玩法:一腿插入对方的胯下,弯背屈膝,用力把对方拔起,只要双脚离地则判为输者。

（二）格吞、奔牛、大象拔河

格吞是用带子套在脖子上拔河之意。格吞游戏的方法是双方用劲拉,用脚蹬,腰颈部用力将对方拉过线。"奔牛"游戏的方法是绳套在两人肩背部,侧向对拉。"大象拔河"游戏的方法是将绳套在颈部,从胯下拉过,背对背仿大象动作,相互对拉。

(三) 推杆

推杆游戏通常是人们在喜庆节日开展的一种游戏。在喜庆的节日,人们把院中晾晒东西的木杆取下来,进行推杆比谁的力气大。力气相当一对一;力气悬殊可一对二。该游戏的方法是先由一人半蹲在地上,双手紧握木杆的一端,双腿夹杆用力顶住,作为防守;另一人相对,紧握杆前推进攻,把防守者推倒,或推过一定界线为胜。

(四) 劲力

有一种类似拔河运动的劲力游戏,也是我国一项民间传统体育活动。该游戏的玩法十分简单,游戏时要求两人相对坐,双脚互蹬,双手扶膝,将一绳(或布带)圈套在脖子上。然后双方各自用劲努力把对方拉起,手不许助力,拉得对方臀部离地为胜。

(五) 掰手腕

掰手腕游戏是很多男人都喜欢的一项娱乐活动。通常,人们在劳动之余找个地方,大家围在一起,有的人掰手腕比试力气,一些人则在旁围观。久之,少年儿童也常常会模仿大人掰起手腕比试比试,看谁的力气大。

(六) 顶牛

少年儿童通过模仿两牛相顶的情景而创造了顶牛这种娱乐游戏。该游戏的玩法有互顶一个大球或沙袋,也有头顶头的玩耍,两人相对趴在软土地上,两手撑地头对头顶在一起,然后腿用力蹬,你进我退,你退我进,把对方顶趴架者为胜。

(七) 象步虎掌

象步虎掌是少年儿童十分喜爱的一种体育游戏。几个人凑在一起就玩起来,不受场地限制。象步虎掌是对抗游戏,在场上划一中界线,双方各站一方,双掌对合,两脚开立,然后用力对推,过界线者为胜。

(八) 拉棍

拉棍又称为"蹬棍",该活动在当地群众中十分流行。人们在劳动之余,男对男,女对女,双方席地蹬脚而坐,手握木棍或铁锹把,凭智慧和力气比赛将对方拉起,臀部离地为胜。

(九) 同滇

同滇即相互抵肩之意。该游戏在比赛中通过性别、体力等来自愿选择对手,经双方同意后,双方卷起袖子,挽起裤腿就开比。动作要求:两人面对,两脚开立,两臂体前抱肘,然后左肩对左肩或右肩对右肩,在一定范围内相互用力抵,将对方抵出规定范围者为胜。

(十) 背缸

背缸游戏常常是小男孩之间比较劲力的一种游戏。该游戏要求两人背向站立、相互挽臂。游戏开始,两人相互用力将对方背起,两脚离地为胜。两人互背时任何一方散架倒地,游戏要重新开始。

(十一) 桦皮篓

桦皮篓是人们穿行在白山黑水间常采用的主要工具。桦皮篓游戏是一种以桦树皮编制的圈环为人们开展娱乐的角力游戏。该游戏方法是两人面对,分别站在中线两侧共同握住圈环,然后尽力往自己一方拉圈,力争把圈环套在自己的脖子上或把对方拉过中线为胜。

（十二）顶棍

顶棍游戏是一种十分受男青少年喜爱的角力游戏。该游戏的方法是双方对面站在线内,一人用手握住约长 2 米的棍端,一人用手掌顶着棍,各自用力将对方后退过线为胜。

（十三）斗鸡

斗鸡游戏是用以消遣的一种娱乐方式。儿童将斗鸡游戏称为撞拐。该游戏的方法是宴会的主客双方各出一名壮士对抗：双方各自一腿独立,另一腿盘屈胯前。双手或单手握脚,使膝盖突出,身前如鸡头状。然后边跳边用"鸡头"碰撞对方,凡把对方撞出规定范围或盘起腿落地为胜。

（十四）双人布库

双人布库这一对抗性体育项目最早来源于儿童游戏骑马打仗的情景。该游戏的方法是两人为一组,身材高大的人当马,背上骑一个身材矫健的人与对方相抗,只许动手,比赛看谁把对方拉下马,或用智慧和力量,想方设法地把对方推出规定的场外者为胜。

（十五）拉绳

拉绳游戏是一项流行十分广泛的娱乐活动。该游戏方法是两人拉一绳,面对站立,或背向双腿跪地,绳圈套在腰部或系在脚上。然后相互用力迫使对方失去平衡而移动双脚或拉过规定范围为胜。

（十六）占领阵地

占领阵地游戏十分受小男孩的喜爱,它是一项对抗性游戏。该游戏的方法是以画好的范围或海绵垫上为阵地,两人背向下蹲,用一只手扶小腿,另一只手撑地。该游戏方法要求双方后退用臀部顶撞,将对方撞倒或撞出规定范围为胜。

（十七）脚力

脚力游戏是少年儿童玩耍时经常开展的一种娱乐活动。该游戏方法是两人相对坐地,各自双手抱着一条伸出的腿,两脚侧相对。然后用力顶脚,迫使对方失去平衡,歪倒在地上为胜。该游戏还可组织游戏比赛。

（十八）轮胎角力

轮胎角力是少年儿童参与体育活动常采用的一项娱乐形式。该游戏的方法是两人面对面站在各自的圈内,腰部套一个用绳连在一起的轮胎圈或自制圈,相互用力拉,迫使对方两脚移动出圈。

二、摔跤游戏

（一）儿童玩摔跤

儿童摔跤游戏是很多小男孩都喜欢的一项娱乐活动。少年儿童常在胡同里有沙土或松软的土地上与小伙伴玩摔跤游戏。有的孩子在大人的指点下,还学会背胯、下绊等技巧动作。通过摔跤游戏比劲、比胜负往往由小伙伴们自己来决定。

(二)套麻袋摔跤

套麻袋摔跤游戏是一种别具风趣的摔跤活动,受到少年儿童的普遍喜爱。摔跤者双腿要套在麻袋里,然后用绳子将麻袋口扎在腰间。摔跤双方只能用上肢进行较量,麻袋中双腿只能用来保持身体的平衡。这种摔跤游戏妙趣横生,往往逗得观看者捧腹大笑。

第五章

黄河流域民族民间体育游戏

第一节　沿黄河流域民间传统游戏简介

一、山东传统项目

(一)滚铁环

旧时传统儿童游戏,在二十世纪六七十年代盛行于全中国。玩家手捏顶头是"U"字形的铁棍或铁丝,推一个直径 66 厘米左右的黑铁环向前跑。有的还在铁环上套两三个小环,滚动时更响亮。用铁丝做一个圈,然后再做一个长柄的铁钩子,推着这个铁丝圈滚着走。铁环的动作有一定的难度,需要一定的技巧。个人活动、集体竞赛均可。有 50 米或 100 米竞速、有 100 米障碍、4×100 米接力等比赛项目。

(二)抽陀螺

一是分边法,是将参加的人分成两组,然后大家一起抽陀螺,看看哪一组的陀螺先倒在地。倒在地上的陀螺,就称为"死陀螺",只有任由对方劈击宰割了。赢的这一方,用自己的陀螺,高举过头,对准目标,向下猛击。二是画圈法,在地上画一个圆圈,圆圈的中央,再画一个小圆圈,各人轮流将自己的陀螺往圈子里打,使陀螺能旋转出来。如陀螺已固定在一点上旋转,这时,可用绳子将它圈出来,只要到达圈外还在旋转,都不算它"死"。若处罚别人的陀螺也停在圈内,照样要放在小圆圈内,任人处罚。如果很幸运的没有被击到,或是被击到而没有被分解,可以拿出一个陀螺,用水平抽法,将自己那个小圆圈内待死的陀螺击出圈外。

(三)拔河

拔河比赛游戏的具体规则如下:在比赛场地(拔河道)每间隔 2 米,一共画三条直线。中间的直线作为两支队伍的中线,其余两条直线分别作为两支队伍的"河界"。在拔河绳中间系一条红色的带子,下面可以悬挂一个适当大小的重物,用来确保红色的带子恰好位于中线。双方队伍分别站立在"河界"两边,队伍的站位应该讲究策略。站位确定后,拿起绳子,拉直绳子做好比赛准备。裁判哨响后,双方队员开始用力拉绳。将红色带子拉进自己队伍的"河道"即为获胜。比赛采取三局两胜制。

(四)青州花毽

青州花毽作为青州文化的重要组成部分,从古代的"蹴鞠"发展演变到花毽,中间融入了多种武术与舞蹈等方面的技巧,不仅动作优美,而且能够强身健体,以花毽制作、踢毽运动和花样比赛为基本内容。青州花毽花样有 108 种,即天罡 36 式和地煞 72 式,现已被文化部评为中国非物质文化遗产。

(五)跳皮筋

跳皮筋是一项集体活动。跳皮筋有挑、勾、踩、跨、摆、碰、绕、掏、压、踢等十余种腿部基本动作,同时还可组合跳出若干个花样来。

(六)打嘎

南方玩法至少两人参与比赛,在空旷泥地上挖一凹槽,离凹槽大概 10 米位置画一横线。

比赛者需把一根木条横放在凹槽上面,举起手中木棍,用力向凹槽上的木条一打,发出"嘎"声。木条朝横线飞去,如果木条越过横线则胜,如果越不过则输,要单脚跳步拾回重新比赛。北方玩法寻一两指粗左右木棍,取十到十五厘米,两头削尖,置于地面,谓之嘎儿。用一根顺手木棍敲一尖头,嘎儿跳起,用木棍将处于空中的嘎儿击飞,以击得远或者击得准为胜。此游戏北方平原多见,来源于上古尧帝时期的"击壤"游戏。

(七)放风筝

风力的方向基本上是水平方向,而风筝受风的角度和上扬力的大小,可以由提线方便地控制。几次练习后放风筝者会很快掌握控制风筝的技巧:放风筝的时候,一般是一抽一放。抽的时候,因为风筝提线一般放在风筝面靠上的位置,加大牵引力可以控制风筝角度变小,上扬力增加,风筝稳步上升;放的时候,即平衡的风筝牵引力变小,在风力和扬力的合力作用下,风筝会飞高飞远,但是必须很快又抽,以再次保持风筝的角度稳定。风力正盛的时候可以多放线,当风力稍有下降时,就收一些线。

(八)跳大绳

两人摇绳,其余队员列队需从绳的一侧跳至另一侧,跳过的队员在同侧另一端排队,循环接替("8"字形)。跳绳队员依次进入且必须在进入后成功跳绳一次,方计次数一次。若有人在跳的过程中失误致使摇绳中断,则不记为通过,失误队员紧跟上一队员,比赛继续进行。

二、山西传统项目

(一)挑线

用一根绳子结绳套,一人以手指编成一种花样,另一人用手指接过来,翻成另一种花样,相互交替编翻,直到一方不能再编翻下去为止。这个游戏最大的乐趣在于翻出新花样,展现自己的聪明才智。

(二)打秋千

秋千是一种体育娱乐运动。因其设备简单,容易学习,故而深受人们的喜爱,很快在各地流行起来。秋千比赛规定,只限女子参加,分设单人、双人和团体赛,项目分高度比赛和触铃比赛。高度比赛以在规定的试荡次数内荡达的最高点来计算成绩,触铃比赛是以在规定的高度上和时间内运动员触铃的次数来计算成绩。比赛场地为 20×8 米的长方形平坦地面,秋千架高 12 米,起荡台高 1.3 米。在高度比赛中,选手均有六次试荡机会,而在触铃比赛中则只限一次。秋千运动不仅是一项精彩的竞赛运动,更能够锻炼人的意志,培养勇敢精神。同时,它对人体生理机能的健康发展也是十分有益的。

(三)黄鼠狼吃鸡

老鹰捉小鸡,俗称"黄鹞吃鸡",又叫"黄鼠狼吃鸡",是一种多人参加的益智娱乐游戏,在户外或有一定空间的室内进行。这种游戏对于发展学生的灵敏性和协调能力,培养学生合作练习、合作意识具有一定的促进作用。游戏至少需要三个人,一人当母鸡,一人当老鹰,其余的当小鸡。小鸡依次在母鸡后牵着衣襟排成一队,老鹰站在母鸡对面,做捉小鸡姿势。游戏开始后,老鹰叫着做赶鸡动作。母鸡身后的小鸡做惊恐状,母鸡极力保护身后的小鸡。老鹰再叫着转着圈去捉小鸡,众小鸡则在母鸡身后左躲右闪。

(四)甩元宝

甩元宝是男孩的一种游戏。把香烟盒或其他厚纸折叠成三角形状者称元宝,四角形状者称四角角,均分有正面和反面。玩耍时,一方将元宝平放于地面,另一方用自己手中的元宝去甩对方地上的元宝,能使其翻转者为赢,翻不转则轮另一方拿起地上的元宝,去甩对方的元宝。谁能将对方的元宝甩翻,就赢走这张翻转的元宝。这种活动主要是锻炼臂力,但也需要技巧。

(五)刁乖乖

刁乖乖是少年儿童特别是女孩喜欢玩耍的一种游戏活动。需用4个羊腿关节间的小骨头和一个内装豆类的小布包,这块布包用六块小方布拼缝而成,俗称"疙簇簇"。玩时先将骨头撒于平处;再将布包抛向空中;趁布包在空中的间隙将骨头的凸面或凹面翻成一致,抓在手中连同空中的布包一齐抓住。如此反复,以定输赢。

(六)弹杏核

弹杏核是太原县男孩子喜欢玩耍的一种游戏活动。玩具只是杏核,需二人以上玩耍。在平地上画边长约1尺的正方形,里面画两条斜线,在四个格内写上1、2、3、4数字,再在正方形的两个边角延长两条斜线,谓眉毛;另外在距两条眉毛四五尺远的地方画一条横线,叫界儿。玩的时候,一方从界儿开始弹杏核。连续弹五下,弹进正方形的有数字的斜格为赢家,数字是几赢几个杏核,如果弹出眉毛和方格之外则为输家,让另一方弹。玩这个游戏时有个讲究,每弹一下杏核嘴里念一句话,分别是:"头得浪当当,二弟衙门门,三里枣花花,四片瓦碴碴,五是成家家"。

三、陕西传统项目

(一)丢手帕

丢手帕是中国民间传统游戏。开始前,准备几块手绢,然后大家推选一个丢手绢的人,其余的人围成一个大圆圈蹲下。游戏开始,被推选为丢手绢的人沿着圆圈外行走。丢手绢的人要不知不觉地将手绢丢在其中一人的身后。被丢了手绢的人要迅速发现自己身后的手绢,然后迅速起身追逐丢手绢的人,丢手绢的人沿着圆圈奔跑,跑到自己的位置时坐下,如被抓住,则要表演一个节目,可表演跳舞、歌谣、讲故事等。

(二)打石靶

先立一石头作靶子,然后掷石击打。打石靶比赛一般为两人对抗赛,即两人各立有七个横排靶子,每个靶子大小不等,从左数起头一个靶子,高30厘米左右,宽12厘米左右,其他六个靶子从大到小依次排列,各靶间距约有50厘米。双方的靶子大小必须相近,靶子要对齐,各靶的间隔约有30步。两人轮流打靶子,每次可掷石一次。第一靶叫"虎跃",指中靶者可如虎腾跃之意,即中靶者向对方立靶处跳跃一次,在所跳之处再掷石打靶,若未打中则画线为记,下次从线界处掷打。第二靶叫"豹跃",打中此靶者可如豹猛跃之意,即中靶者双腿并合往对方立靶处跳跃一次,继续掷石打靶。第三靶叫"人卧",即中靶者以己身长靠近对方靶子。第四靶叫"拘卧",即中靶者下蹲以双手抱拢双膝之后的体长前进。第五靶叫"九肘",即中靶者的胳膊肘向前量进九肘。第六靶叫"吹弹丸",即在手里放一羊粪蛋,将其一口气吹向对方立靶处,以吹出的距离向前递进。第七靶叫"跨步",即击中此靶者可向对方立靶处迈进一步。在掷石打靶中,射程越近,越容易击靶。人们喜欢先瞄打第五靶。此靶是在七个靶中递进距离最长的靶子。谁先击中全部靶子为赢。赢者要对输者的额头或手背上打弹指,弹指的次数是根据赢的靶数来确定,一般一个靶子弹指不超过三次。

(三)走窑(狼吃娃)

"狼吃娃"是农村很普及的斗智游戏,"狼吃娃"的"子儿"就地取材,"盘子"随地一画,两个人就可"开战"了。"狼"是3个"子儿","娃"是15个"子儿",分别可用土块、砖块、石块、瓦片、柴棒"扮演"。"盘子"是在地面上画出长宽大体一致的五线格子。"狼"和"娃"阵营分明地各自占据一个交叉点。"狼"不同的是要隔一个交叉点布防。游戏规则是:"狼"和"娃"都只能按规定的线路行走——全行横竖直线,一个交叉点一个交叉点落脚,不许越位。"狼"吃"娃"时,"娃"的后边不能有"子儿",两只"狼"在同一位置不能吃"娃",谓之"双狼不掐娃","娃"就可以趁机逃离"狼"口。"娃"是迂回包剿的战术围"狼",只要几个"娃"将"狼"团团围住,或逼到死角旮旯,"狼"就得出局,输一个"子儿"。

(四)顶方

一种可用石子、柴棒、土块、纸块作"子"的益智类小游戏。在地面或纸上划横竖各四条线组成九个方格作为"方",用石子、柴棒、土块、纸块作"子"。游戏者双方,各在方格交叉点上,自选位置顶上一"子",一人一"子",交替进行,直至顶满。采取"先顶后走"的办法,各掐掉对方一"子",腾出路子,然后按方格线的位置,上下左右选择走"子",进行"厮杀战斗"。按照规则,一方两"子"相连,即可顶掉对方一"子",也有双顶双"吃"的规程。最后"子"被"吃完"的一方即为输家。

四、甘肃传统项目

(一)扯绳

扯绳赛是甘肃省临潭县群众性的一项传统民俗体育活动,实际是一种大型的拔河比赛,在每年正月十四、十五、十六晚上举行。该活动来源于明驻古洮州临洮军中强体之游戏。临潭县万人扯绳赛,以其绳之最重、直径最大、长度最长、人数最多而著名。该习俗体现了劳动人民勇敢的尚武精神和民族气质,有凝聚民心、维系团结的作用。该活动已载入吉尼斯世界纪录。属于甘肃省非物质文化遗产项目之一。

（二）押加

项目介绍：在一块宽阔的平地上，划两道平行线作为河界，两名运动员将一条长约10多米的带子两头打结，从各自胯下穿过，经过腹部套在脖子上，背对背站在河界两边。裁判员一声令下，两人即模仿大象姿势，两手与脚尖着地，以脚、腿、腰、肩、颈力拖动带子竭力向前爬。把系在带子中间的红布标志拉过自己的河界者为胜。规则介绍：比赛场地为长方形，宽2米，长不作限制。比赛场地应有明显的界限，长边叫边线，短边叫端线，在两条边线的中点，划一条与端线平行的连线叫中线，在中线的左右1米处，各画一条线与中线平行为决胜线。运动员要着民族服装、胶底鞋，双手不能增加任何辅助器材。一场比赛的参赛者为两人，年龄不受限制，按体重分55、60、70、80公斤级和80公斤以上级等五个级别进行，每场比赛均采用三局两胜制。比赛时间一般也不受限制，但在一局比赛中如遇双方相持达一分半钟不能决出胜负，就暂停比赛，休息一分钟后重新比赛。

（三）高脚竞速

高脚竞速又叫踩高脚马。高脚马原本是当地人在地面积水的雨季代步、涉水过浅河的工具，后来人们把踩高脚马发展为高脚竞速，成为一个民族传统体育项目。高脚竞速是一项很有趣的运动项目，它不仅能达到锻炼身体的目的，而且还能培养顽强的意志品质。高脚竞速所需的器材简单，不受场地大小限制，具有较强的娱乐性和很高的健身价值。

（四）蹴球

蹴球，原称踢石球，也曾称挫球或挫石球，是中国十分古老的一项民间体育活动，有着悠久的历史。蹴球比赛是在一块10米乘10米的正方形平整土地上进行，分两队进行比赛，每队两名运动员。有单人赛、双人赛、团体赛等形式，竞赛项目分男子单蹴、男子双蹴、女子单蹴、女子双蹴、混合双蹴等。使用地掷球，每队两只球，分蓝红两色。甲队编为1号和3号，乙队编为2号、4号，比赛按1、2、3、4号的顺序轮流蹴球。比赛时脚跟着地，脚掌触球，用力蹴球。击中对方球，得1～2分，把对方球击出场外得4分，先积50分者为胜方，三局两胜。

（五）珍珠球

珍珠球是传统体育项目，是由模仿采珠人的劳动演变而来。比赛时，水区内双方各有三名运动员负责进攻或防守，进攻者可将球向任何方向传、拍、滚、运，目的是向站在本队得分区内的持抄网队员投球得分。封锁区内有两名持蛤蚌（球拍）的对方队员，用封、挡、夹、按等动作，阻挡进攻队员向网内投球。每队有一名持抄网队员在得分区活动，用拍网试图抄（采）中本方队员投来的珍珠（球）。每抄中一球得一分。在规定的比赛时间内，得分多者为胜队。规则比赛在长28米、宽15米的场地上进行（场地分水区、封锁区、得分区），每队上场六人。比赛分上、下两个半场，每半场15分钟，中间休息10分钟。

（七）夺腰刀

这项运动融竞争性、对抗性、激烈性和趣味性于一体。"夺腰刀"的整个过程中主要体现勇猛和机智，因而常伴有摔、拧、拌、擒、摸、打跟头、翻巴郎、滚蛋蛋等动作，而且这些动作十分协调顺畅。该运动主要有比试刀、挑选对手、藏刀、窥测刀、夺刀五部分组成。

五、河南传统项目

(一)斗拐

此游戏一般是两人参与,玩法是:一条腿独立,另一条腿盘屈胯前,用单手握脚,使膝盖向前突出,以此攻击对方。技术动作包括上挑、下压、前攻、挤靠等,谁被击出事先划定的圈外,或双脚落地,或失去平衡倒下则为输。大多是两者在身高、力量相当的情况下才玩此游戏。此游戏并非靠力气就能取胜,还需具备一定的技巧,进退或闪跳要靠临场发挥。因此,机智、敏捷、沉稳和毅力,也是决定胜负的重要因素。

(二)搁方

此游戏又称下方、丢方等。方法是:在地上划出六纵六横(也有四纵四横)的棋盘,形成36个交叉点、25个小方格。双方选用不同的石块或土块或树枝等作棋子。规则是:依次布满棋盘,结束后,谁每成一方(一个四方块的四角均是一方子)谁可吃掉对方一个子,每成一龙(6个棋子在一条直线上)可吃掉对方2个子。若只一方成方,则由成方者根据成方数,再多提对方一个子,未成方者提掉对方一个子。之后开始轮流走子。只有空格才能走子。走子过程中,谁成方谁可吃掉对方一子,成龙可以吃掉对方两个子,但吃子时只能吃对方未成方或未成龙的子。走到最后,若一方少于4个子,就是不可能成方了,则为输棋;若一方该走棋了却无子可动,即被撑死,也为输棋;若双方一直走均未成方,为和棋。走棋的要领是:既要想方设法造成自己多成方成龙,还要注意堵塞对方,使其不能成方成龙。该游戏在清朝末年已很流行。

(三)呼洋牌

呼洋牌(那时的香烟农村称洋烟),也称拍纸牌、摔烟纸盒。主要是将废弃的烟纸盒,或用过的作业本、书本纸折叠成或等腰三角形或四边形的纸牌。玩法是:一般两人为一组,一人把自己的一张牌平放在地上,另一个人手拿自己的一张牌,用力朝地上对方的那张牌去呼,呼翻的归己,否则,由对方捡起自己的牌,再去呼对方已在地上的那张牌,轮番进行。一旦牌被对方呼翻,就要再另拿出一张牌参与。最后,谁赢的牌多谁为胜家。赢牌的技巧,主要是先选好方向,瞅好地上那张牌有无翘起,或哪一面与地面之间有空隙,然后用适当的力量去呼。有时需要大力,有时则需用巧力。呼牌时牌的落点也很关键,既不能直接落在牌上,那样不容易使下面的牌翻,落点也不能离牌太远,太远了产生的风力就小,也不容易使下面的牌翻。

(四)砍钱

游戏参与者需要两人以上。参与者每人持一块直径10厘米左右,厚1厘米左右的瓦片(大多是用铁打制的,还有的是用钢打制的,也有的是用房瓦片打磨的)。玩法是:在一平地上划一个或大或小的圆圈,把参与者每人平均兑的一到二分不等的硬币叠放在圆圈的中心。

然后在离圆圈外数十米处划一直线。然后大家站在一个固定的地点,用自己手中的瓦片分别向直线投去,按瓦片离直线的远近确定次序。第一轮是站在直线上,谁能用瓦片把圆圈中心的钱堆撞散,里面的钱全部归谁所有。如果无人撞散,则站在圈外,依次用瓦片砍钱,把钱砍出圈外的归己。不论哪一轮,谁只要把瓦片留在了圈内,该盘就无权参与了。如果谁把圈里最后的钱砍出,他下面的人就要在固定地点对准他的瓦片落点进行投,谁能投中,被投者就要给谁钱。此游戏的技术要领是:讲求准确度、角度和力度。

(五)蹦方格游戏

先画个长方形,再画上格(六格、八格或九格等),瓦片磨成方形或圆形,放入第一格,抬起一只脚,另一只脚踢瓦片,把瓦片逐格踢出;然后由第二格、第三格……开始,方法同上踢出,依次踢完算胜利。游戏时有以下几个规则:(1)蹦方格游戏时每次必须单脚着地踢到底把格踢完,中途不换脚。(2)游戏过程中瓦片和脚都不能压着格线不能越格踢。(3)不能碰触格子线,不能跳出格子,跳错了必须重新开始。(4)赛前约定好是正方还是反方。如果是正方,就面对方格每次开始把瓦片掷进去(不能压到格线,否则为犯规)开始踢;如果是反方,就背对方格,瓦片从身体上方掷进格内,开始依次再踢出方格。

六、四川传统项目

(一)跳火绳

火绳是用藤条拧成,长短因人而异,藤条上扎以易燃之物,如浸透松油、煤油或桐油的布条。比赛时,选择一块平地为赛场,在场地两端划上起点线和终点线。参赛者站在起点线上,手持火绳,待比赛令下,迅速点燃火绳,以单人跳绳形式,跳跃前进,先到达终点者为胜,前进时不准带火绳奔跑,违者取消比赛资格。

(二)投壶

投壶是中国古代士大夫宴饮时做的一种投掷游戏,也是一种礼仪。在战国时期较为盛行,尤其是在唐朝,得到了发扬光大。投壶是把箭向壶里投,投中多者为胜,负者按照规定的杯数喝酒。

(三)木射

又名十五柱球,是游戏者轮流以木球撞击十五根笋型立柱的一种室内的活动形式。

(四)推杆

推杆是一种竞技运动。推杆的方法多种多样,有用腰腹部、肩窝、双手互推的,还有用前额、膝盖推抵的,有两人之间的推杆,有几个人互推的,有几个人推一人的。器械有木杠、竹竿或扁担。该运动男女均可参加。比赛时,在一块两丈见方的平地上,用一根长约一丈,手臂一般粗细的木杆。一人紧握一端,并以两腿夹骑其上,作为守方。另一人则握着木杆的另一端,用力向前猛推,作为攻方。攻守双方面对木杆须保持平衡,不能上下摇摆或忽然猛推,严禁一端抬高或左右偏摆。比赛时间以裁判拍五下巴掌(约 5 秒钟)为一个回合的时间,攻方若能将木杆推过规定界线(距离约 50 厘米)即为胜,取五局三胜制。因此项比赛对守方较为有利,故攻方亦可增至两或三人。但推木杆的距离需相应加长,如两人进攻,需将木杆推过 100 厘米,三人进攻则需推过 150 厘米。

(五)三雄夺魁

比赛时,在场地中央画一直径为 2 米的圆圈,三人或三对人分别将绳索套跨于肩或腰部,成面向或背向,向三个不同方向用力拉绳。绳上的标志带对准圆心,先把标志带拉出圈外即为胜者。还有一种比赛方法,在三个不同方向各有一人,手举着蜡烛台。拉绳的人用力拉绳,向自己方向的蜡烛台靠近,并吹熄点着的蜡烛。谁首先吹熄蜡烛台上的全部蜡烛,就为获胜者。

七、青海传统项目

(一)水上皮筏

每年夏季,都有在黄河上举行羊皮筏子比赛的,一个筏子可坐八至十个人。参加者多是小伙子,也有年轻女子坐在皮筏上欢快的敲锣助兴,参赛者都穿上漂亮的民族服装。比赛分集体和单人赛两种,赛程无规定。比赛号令一下,皮筏子便如离弦之箭冲向激流,参赛者要机智地绕过漩涡,避开恶浪,方能安全地到达对岸。也有单人骑羊皮袋或牛皮袋渡河比赛的项目。这是一种比胆略、比毅力、比力量、比机敏的较量,赛手们呼喊着高亢的号子,英勇向前,以先到达终点者为胜。

(二)青海方棋

当地俗称掐方,是流传于中国青海省东部的两人传统棋类,是一种方棋类游戏。对弈过程分为三个阶段。放子:对弈双方依次将己子放入空棋点,将手上的棋子放完才开始走子。逼子:若放子过程中,无棋子被吃掉,使得棋子放满棋盘。两方各移除选一枚敌子移出游戏。走子:开始移动己棋,沿线一格至空邻点。若棋子剩下十四枚以下,就可自由移动至任何空点。成杠:五枚棋子以纵、横方向连成直线,去掉敌方三子,然后在该线作标记,表示不能在该线成杠。成方:四枚棋子组成一个紧邻相连的小正方形,去掉敌方一子,然后该方格作标记,表示不能在该格成方。先占领所有棋点获胜。

(三)踏青

踏青是指春日郊游,也称"踏春",一般指初春时到郊外散步游玩。旧时曾以清明节为踏青节,不过踏青节的日期因时因地而异,有正月初八的,也有二月二日或三月三日的,后来则以清明出游踏青居多。

(四)打毛蛋

打毛蛋游戏也是两人对打或两组对打。谁先打,确定办法是,把毛蛋打在地面弹起后,先触手背再打下地面,反复进行,叫"拼"头家,谁"拼"得次数多,谁家为头先打。

(五)扭秧歌

扭秧歌是中国(主要在北方地区)广泛流传的一种极具群众性和代表性的民间舞蹈。秧歌舞具有自己的风格特色,一般由舞队十多人至百人组成,扮成历史故事、神话传说和现实生活中的人物边舞边走,随着鼓声节奏,善于变换各种队形,再加上舞姿丰富多彩,深受广大观众的欢迎。

(六)走高跷

走高跷是我国北方民间盛行的一种群众性技艺表演,多在一些民间节日里由舞蹈者脚上绑着长木跷进行表演,武跷则强调个人技巧与绝招,各地高跷,都已形成鲜明的地域风格与民族色彩。

(七)跑旱船

在我国北方的城镇乡村,跑旱船是一种深受群众欢迎的娱乐节目。跑"旱船"时,一般使用的伴奏乐器是锣、鼓、钹等打击乐器,也有的地方加上一至两支唢呐伴奏,气氛热烈,情绪活跃,具有浓郁的地方风情。

(八)耍狮子

耍狮子是由两个人表演的民间舞蹈。耍狮子这一习俗起源于三国时期的南北朝,已有一千多年的历史,因狮子形象雄伟俊武,给人以威严勇猛之感,被人们称为"百兽之尊",古人认为它能驱妖镇邪,所以人们在举行一些节日的活动时将举上画好的狮子进行庆贺,在演变的过程中,逐渐形成了现代的耍狮子。

(九)翻油饼

每组分成两队,两队队员两两相对站好,面对面握住双手,双方的身体同时从握住的臂环中翻过,如此连续,直到两人双手握不住为止。"翻油饼"有两人原地翻动,也有在行进间翻动的,还有左右结合翻动的,还有顺时针翻动一阵又逆时针翻动的。翻动时动作要迅速连贯,嘴里不断唱着:"翻!翻!翻!翻油饼,你转身子我跟紧。"有时一方配合不好或两个人动作不一致,就拆散了连贯的动作,有时还会同时摔倒在地,引起同伴的嬉笑。等所有人都翻完了,再挑出翻得好的一组给大家表演一番,也是向大家炫耀技巧的意思,只见这两人配合默契、动作一致,越翻越快,同伴的喝彩声也越来越热烈。

(十)蹬棍

青海东部农业区各民族普遍喜爱的一种民间竞技。两个人对峙。比赛时两个人面对面坐在地上,互相蹬着双脚,双手同时紧抓一根结实的木棍,然后用力向自己的一边拉,以将对手拉离地面为胜。这种竞技主要对胳膊和双腿的力量有一定的要求。由于蹬棍比赛简单易行,容易得出结果,田间地头、街头巷尾、劳作间歇、农闲之余都可进行,所以比较流行。

(十一)打"蚂蚱"

打"蚂蚱"是民间传统的体育活动之一,深受青少年的喜爱。活动形式与垒球相似,风格独特,兴趣盎然。打击时,蹦飞迅速,就像凌空飞行的蚂蚱,故称"蚂蚱"。"蚂蚱"粗1.5厘米,长7至8厘米,型呈枣核状,木质。打蚂蚱所用的排版由一块长约70厘米、手执处宽4厘米的刀形木板做成。比赛时,攻守双方由两人组成。在场地定位后,就地划一个直径为2

米的圆圈为雷区。攻方在雷区内用拍板将"蚂蚱"击出。随着蚂蚱飞行方向,由守方在跑动中力求将蚂蚱接住,若接不住,也可以在蚂蚱落地处快速捡起并掷向雷区。若掷不进雷区,攻方继续再打,并用板拍丈量蚂蚱落地到雷区的距离,谁先达到规定距离即为获胜者。若守方能将蚂蚱接住,或将蚂蚱掷进雷区,则攻守两方互换进行。最后,胜者罚输者单腿跳入圈内,或罚负方另行表演其他节目。

第二节　齐鲁文化与齐鲁民间体育游戏

一、齐鲁文化的历史特征及精神内涵

齐鲁文化不是一种单一的文化,而是齐文化和鲁文化的融合。齐文化崇尚功利,鲁文化注重伦理;齐文化讲求革新,鲁文化尊重传统。两种文化在发展中逐渐相互碰撞、相互交流,有机地融合在一起,形成了具有丰富历史内涵的文化原实体。齐鲁文化的主体和核心是儒家文化,就是以"人"为本,以"仁"为核心,以"和"为贵,以"礼"为形式,以"天人合一"为目标,以"因时变革"为灵魂。随着历史的发展,齐鲁两国先后灭亡,但"齐鲁"并称作为一种地域概念,一直沿用至今,这种具有独特内涵和鲜明主体性的地域文化也没有消亡。齐鲁文化以儒家文化为基础,在漫长的历史进程中不断地吸收其他各种文化的精髓,形成了博大精深、极其丰厚的思想内涵。对于齐鲁文化的精神内涵在本质上表现出来的是以"仁—礼"为核心的人文主义精神、崇尚国家的爱国主义精神、崇尚民族的自强不息的奋斗精神、崇尚民本的厚德仁民精神、崇尚群体的大公无私精神等。

二、齐鲁民间体育游戏历史

(一)蹴鞠

战国时期,齐国盛行一种叫做"蹴鞠"的游戏,蹴鞠就是当今风靡全球的足球运动,中国作为足球运动的最初发源地,最终获得国际足联的认可与承认。

(二)赛马

齐国人对马是情有独钟的,赛马作为齐国一项较早的体育运动项目,广为流传。《史记》记载的"田忌赛马"就是个很有名的故事。齐国养马、用马甚是盛行,在临淄齐国故城大城的东北部河崖头村西,曾发现了一座大型的殉马墓,学术界认定为春秋末期齐国国君景公之殉葬墓,推算殉马有600匹以上。

(三)风筝

中国古人发明了风筝,直到很晚风筝才传到欧洲,并逐渐传遍了世界。二十世纪末,国际风筝联合会正式成立,总部设于山东潍坊,潍坊有一年一度的风筝节,每年举办国际性的风筝放飞大赛等活动。

今天,齐鲁民间体育游戏更是五花八门,多达上百种,是齐鲁人民在丰厚的齐鲁文化底蕴下发挥丰富的想象力创造出来的。

1. 有适合儿童的

如跳绳、跳方、碰拐、弹杏核、老鹰抓小鸡等。特别是在学生的业余时间里，他们三五成群，只要商量好了，随时可以玩，无需什么复杂道具，有的甚至不需要道具，没有场地的限制，在学校的操场上最显而易见。还有如四子棋等益智类游戏，在游戏的同时，无形中可以提高儿童的智力水平，对他们的学习也起到了很大的辅助作用。

2. 有适合成年人的

如武术、摔跤、踩秋千等，这需要有适合的场地和正式的裁判，这类游戏有助于强身健体，让人在正常工作闲暇之时，释放工作压力，心情舒畅，精神愉悦，使大脑得到休息，从而更有助于投入工作中。

3. 有老少皆宜的

如放风筝、踢毽子、投壶等。放风筝时可调节视力，消除眼肌疲劳，预防近视。国外诸如"风筝疗养所"也应运而生，医学专家认为，"风筝疗法"对神经衰弱、视力减退等有疗效。尤其是在春季的节假日期间，一家人在广场上或郊外放风筝，其乐融融，最为常见。

三、齐鲁文化在齐鲁民间体育游戏中的文化特征

(一)"和"之理念，强调和为贵，大公无私的精神

齐鲁民间体育游戏强调"天人合一"，"礼"是传统文化价值体系的中心范畴和文明进化的主旋律，把体育游戏活动纳入了礼的轨道。齐鲁社会文化环境不利于带有强烈对抗与刺激竞争色彩的竞技式运动的充分发展。因此，原始朴素和谐的理想、中和融通的宽和精神，决定了齐鲁民间体育游戏的竞技性呈现出一种完全不同于西方的形式。西方现代竞技运动强调对抗与冲突，而齐鲁民间体育游戏所体现的礼仪性呈现另一番情趣。虽然也不乏冲突与对抗，但从总体的项目数量和实际实施上看，它属于"弱竞技游戏"，并不把技艺的高下优劣看作第一目的。相反，游戏参与者更注重人与自然的和谐，如踏青或是秋千运动等，在投壶、棋戏、斗宝、跳绳游戏中体味与家人的共娱与亲和。其中"冲突"的精神减弱，而"和谐"的意境更多些。在这种运动中，既没有定时定量的运动规程，也缺乏严格的技术等级限定，至于冲击人体极限、创造一种规范化、终极性的运动模式，更是无从谈起，它完全成了自我放松与娱乐的一种手段。因此，齐鲁民间体育游戏所表现的，正是那种与先秦儒道思想相一致的逍遥精神与和谐意念，而从根本上讲，属于中国古代传统的安身立命、修身养性思想积淀的延伸形态。

(二)"仁"之理念，体现为厚德仁民的精神

在儒学思想当中，包含了丰富的民间游戏思想内容，其中在孔子实施的"六艺"教育中，射、御、舞等都可以划入民间游戏的范畴当中，尽管"射""御"在当时似乎是一种独立存在的游戏项目，但孔子也给它划分了严格的等级，以符合"礼"的规范。在"六艺"教育中，孔子更强调的是游戏的实用性，是为实行"礼"而服务的具体工具，这是从形式层面上来看。从精神层面上来看，儒学的重要核心内容是"仁"，由孔子发端的儒学思想把单纯的竞技游戏活动赋予了丰富的人文内涵，从而形成了竞技活动中的品德要求，使单纯的竞技游戏活动变成了以

"仁""义"为最高标准的强身健体活动。把体育涵养道德的功能视为第一功能,而将其强身健体、御敌自卫的功能视为第二位。这种道德之上的伦理思想,演化到传统体育活动当中以后,形成了极具民族特色的传统体育观念。

（三）重功利的竞争精神,表现为人定胜天的精神

尽管齐鲁民间体育游戏强调"礼让",但从齐文化反映出来的基本思想观念看,"尚功利"也是突出的思想特点。齐人喜战、好斗,不仅在军事活动中倡导功利,在日常的社会活动中同样引导人们追求功利。在"尚功利"的社会环境当中,自然而然地刺激了以竞争为特征的体育游戏活动的发展,进而凝练、升华为最为基本的游戏竞争精神。"尚功利"的文化传统,是齐鲁大地民间体育游戏得以发展起来的适宜温床,尽管游戏对抗性在强度上不如竞技体育明显,但比赛过程中的激烈程度却毫不逊色,如将军宝、跳方、碰拐、打宝、弹杏核、弹琉璃蛋儿、走四棋儿、走九连等比赛,双方争得面红耳赤,互不相让。

（四）顺其自然,表现为经世致用的精神

齐鲁民间体育游戏在形式上同样遵循自然简易的特点,具有浓郁的生活气息,人们将日常生活中劳动的情节、尊老爱幼的良好品质融入民间游戏中,让游戏更容易贴近参与者的生活,使游戏与参与者的生活紧密相连,帮助参与者在轻松、有趣的游戏过程中丰富和拓展生活经验、获得知识、增长能力,如民间游戏"老鹰捉小鸡"等体现得最为明显。同时,在游戏的开展当中,亦不受时间、空间条件的约束,只要儿童有兴趣,愿意玩,就可以随时进行,其中绝大部分都是简单易行甚至不需要任何器具的游戏,如手指、手影之类的幼儿游戏,不需要任何工具,只需一双手,也能趣味无穷。

四、齐鲁文化在齐鲁民间体育游戏中的地位和重要意义

齐鲁文化和齐鲁民间游戏同时出现在历史的长河中,又都随着历史的车轮前进和繁荣壮大,无论历史上还是现在,无论哪一种齐鲁民间游戏都能体现和宣扬齐鲁文化所表达的精神内涵。也就是说博大精深的齐鲁文化在齐鲁民间体育游戏运动发展中占据着主导地位,有着至关重要的作用,它支配着齐鲁民间体育游戏未来的发展趋向。它们两者之间又有着相辅相成的作用,勤劳朴实的齐鲁人民在民间游戏的娱乐过程中,演绎着齐鲁文化,不断地充实着齐鲁文化,并向世界宣扬和传播了齐鲁文化。而智慧的齐鲁人们正是在领悟着齐鲁文化的过程中不断地创造着多姿多彩的齐鲁民间游戏。也就是说,优秀的齐鲁文化驾驭着齐鲁人民的思想,驾驭着齐鲁民间游戏未来的发展,齐鲁文化深深地扎根在齐鲁民间游戏之中。

优秀的文化是一种无形的意识范畴,民间游戏是一种有形的物质运动范畴,两者的内在联系就在于任何游戏都不是一种麻木的、机械的表演,人们在参与游戏的过程中都在表达自己的某种主观愿望。正如此,齐鲁文化就是齐鲁民间游戏的灵魂,民间游戏就是齐鲁文化的一个有形载体。

有了丰富的文化才会有多姿多彩的体育娱乐活动,一个国家没有文化发展和繁荣就不可能有丰富和健康的体育娱乐活动。换言之,没有优秀的齐鲁文化,就没有现在的众多的齐

鲁民间游戏。齐鲁文化和齐鲁民间体育游戏从历史的长河中一步步走到今天,并将沿着正确的道路世世代代地流传下去。

第三节 齐鲁民间体育游戏与竞技体育表现形式的比较

齐鲁民间体育游戏与竞技体育的不同风格使得这种文化的外在形态表现出一定的差异性。齐鲁民间体育游戏多以个体的、娱乐性的、技艺性的、表演性的项目为主,如投壶、戏球、礼射等。而对抗性强的、竞争性强的、身体接触较多的运动项目,在该地区开展很少,也难以流行。这种形态的游戏与现代竞技游戏相比,缺乏竞争性和开放性。竞争是竞技体育的灵魂,他们强调超越自然、超越极限,其体育中表现出了"更高、更快、更强"的色彩。我们从古代比较盛行的单程赛跑、角力、拳击、赛车、赛马等竞技活动中就会感觉到竞技体育的外向型气息。

齐鲁民间体育游戏多讲究自然性、尽量要求动作的舒展、自然,并强调要用大肌肉群参与动作的完成。大多游戏项目都对规则、场地、器材做出严格规定,注重对人体解剖结构和生理机能的研究,并逐渐形成了一套较为独立的、科学的、规范的竞技游戏理论体系。

竞技体育总的要求是速度要快,力量要大,实用技巧要高。竞技体育的代表——奥运会的项目,竞技性、拼搏性都是相当突出的,各个项目的区分是严格的,检验尽量采用客观的标准,采用科学的量化来检验运动成绩,如速度、长度、高度和准确度,运用这些相应的物理测量器来检验,则与之相应的规则是简明的,这属于最好制定规则的一类,诸如田径、举重、射击等。第二类属于持物进行比赛,如球类中采取进球得分的办法和击中得分的办法来检验。这些比赛中的规则极为严格而且随时在修改。第三类属于个人表演,让众多的裁判按规则评分,进而求取平均值,再进行比较,如体操、跳水、花样游泳等。第四类是人体直接接触的对抗类型,如拳击等。

规则性对齐鲁民间体育游戏的发展是极重要的补充。齐鲁民间体育游戏运动吸取竞技体育的优势,使传统游戏中的一些项目能够规则化。齐鲁区域类似竞技体育的竞技项目,因未流传下来,也未恢复和重新组织提倡,从而未得到发展,其位置已被相应的竞技游戏项目所占据。而流传下来的大部分齐鲁民间体育游戏项目是民间分散保留下来的,除棋类游戏外,规则多、不具体、严格。它追求的目标广泛,优点是具有深厚的群众基础和强大的生命力,缺点是无规则性、无检验性。因此,在保持传统特色的基础上,传统游戏规则化是当代普及齐鲁民间体育游戏思路之一。

竞技体育多通过肌肉作功,进行人体活动;把锻炼重点直接放在运动负荷上,以提高身体素质;强调外形锻炼和运动负荷,有时动作激烈,强度较大;但有些会造成呼吸急促,节奏紊乱、氧债增多,锻炼不当,身心受到影响。因此具体的锻炼效应等应是重要的评价指标。另一方面,西方传统文化则注重事物的区别,突出个性,强调进行斗争,永不满足的追求。又由于竞技体育的规则性,决定了在竞技游戏的评价上则表现为规则为本、优胜劣汰的原则,以高度、远度、强度、准确度等客观物理量度为评价标准,是一种定量的评价。因此,竞技体育的评价的操作性极强,有利于项目的推广和发展。

由于齐鲁文化以"仁""乐""戏"等活动目的为核心,讲究天人合一,内外合一,身心合一,追求德与力的统一。因而对民间游戏的评价是"以心为本"的评价原则,是对通过锻炼身体、涵养、道德以达到心灵的升华的定性评价。评价的关键不仅仅是"健",还为"德"和"道""乐"和"趣",评价目标较为多元与模糊。当然在文化产业化的今天,齐鲁民间体育游戏的评价借鉴竞技体育评价的特点,在定性评价的基础上,以定量评价为主要评价方法,这将有利于推动齐鲁民间体育游戏的发展。

第四节 典型齐鲁民间体育游戏个案的微观文化解读——以蹴鞠为例

受传统儒家思想文化的影响,休闲健体是齐鲁民间体育游戏的文化体现。蹴鞠不强调激烈的竞争,逐渐发展成为一项温文尔雅的活动,讲究礼仪和修养。蹴鞠游戏的游戏形式体现了齐鲁文化所提倡的道德性原则。这里以中国古代体育游戏——蹴鞠为例,探讨齐鲁民间体育游戏的微观文化。

蹴鞠运动兴起于齐鲁大地,兴起于临淄,不是偶然和孤立的,这与其繁荣的经济、浓郁的文化、发达的科技、尚武的社会风俗等是有很大的关系的。经济的繁荣和物质的极大富足,促使市民拥有丰富多彩的精神文化追求。仅从现有资料看,其文体娱乐活动也是丰富多样的。各种竞技、游乐活动及专业文化团体相继出现。

齐国历代国君大多喜猎尚武;齐国是先秦时代产生军事家、军事理论家最多的国家。战国时期,齐国军队以兵强马壮、勇武善战而著称天下。

临淄作为当时齐国的首都,是丰富多彩的文化之都,各种文化活动都居于同时代其他地区的领先地位。临淄经春秋时期管仲对临淄城的经济模式、文化结构实行"四民分业""参其国而伍其鄙"等系列重大改革与调整之后,临淄城的发展进入一个新的历史时期,至战国时代临淄的城市经营与管理已经达到全面成熟。厚实的物质基础、深广的文化内涵、丰富的人力资源,使临淄在列国都城中展现出特异的光彩形象。

蹴鞠的游戏形式体现了齐鲁文化所提倡的道德性原则。

蹴鞠在汉代已逐渐走向规范化和竞技化。其中关于裁判和队员道德的规定,说明我国古代早就重视树立良好的游戏风尚。

从蹴鞠发展演变过程来看,蹴鞠被打上了深深的儒家思想烙印。儒家思想强调的是"仁"和"礼",讲究善良、谦恭、温顺和次序,讲究中庸和不偏不倚。儒家认为"君子有勇而无义为乱",所以中国古代蹴鞠越来越淡化对抗,从汉代激烈的直接冲撞式对抗,发展到唐宋时期中间隔着球门的间接对抗,再到以踢高踢出花样为能事又称"白打",都在淡化对抗和竞争,强调技巧,无形中留下了受传统儒家思想影响的痕迹。

受传统儒家思想文化的影响,蹴鞠不强调激烈的竞争,逐渐发展成为一项温文尔雅的活动,讲究礼仪和修养。把儒家思想和做人准则"仁义礼智信"都融到了蹴鞠活动中。蹴鞠的教育功能就成了"能令公子精神爽,善诱王孙礼义加"和"一团和气遍天涯"。在这种情况下,人们蹴鞠就是为了健身、进身和娱乐,而当健身功能被更好的手段代替,进身不再成为可能时,蹴鞠就仅仅成了妇女和儿童的娱乐活动。

在民间,蹴鞠已经成为一种娱乐游戏。在小街小巷举行的"蹴鞠"不像宫廷蹴鞠有专门的场地,而是因陋就简,一人或数人进行游戏,少了些对抗性,多了些游戏性,是蹴鞠在民间的变异形式。

第六章

民族传统体育游戏——动漫化传播

第一节 传统体育游戏新的传承方式

一、传统体育游戏对新的传承方式的呼唤

目前,国家的相关政策在对传统体育游戏进行传承与推广运用中,一方面是将传统体育游戏融入幼儿教学,使儿童在进行体育游戏活动时培养儿童对传统体育游戏的意识;二是将传统体育游戏设计成为学校体育的一部分,通过学校体育的手段将传统体育游戏融入体育课的教学过程,通过学校体育课程对民间传统体育进行传承;三是把传统体育游戏引入社区体育,通过社区以比赛的形式让传统体育游戏在社区居民中得到一定的推广。

将传统体育游戏与动漫相结合,通过儿童从动漫的受众身份转变为传统体育游戏的传承者身份的研究视角,将传统体育游戏进行动漫化,不仅可以使传统体育游戏的推广更有效率,还能使传统体育游戏通过动漫产业实现增值。经济的发展会使人们在精神世界做出更多的追求和投入,这样也推动了文化产业的发展,随着人们的消费水平不断地提升,未来动漫产业有着发展成为朝阳产业的趋势,那么把民族传统体育游戏与动漫相结合,或许能为民族传统体育文化的传播开辟一条新路径,从而拓宽中国传统体育文化的传播路径,增强国人的文化自信。

二、当前适逢大众传播科技化的时代变迁

传统体育游戏要想在当代社会重新被重视,并得到更为广泛的传承,那么就需要让大众与传统体育文化重新关联,使传统体育文化能够在精神上或者在现实生活中去满足当下大众的需求,而实现这种方式的前提是营造社会对传统体育游戏重视的氛围,并且引导和强化大众对传统体育文化的自豪感,实现文化自信。

在新媒介时代背景下,视觉文化和文化产业扮演着主要角色,在这样特色的语境中我们要根据时代特点去创新传统体育游戏的传承方式,去弥补和辅助目前传统体育文化与当下环境出现的缺陷。传统体育游戏作为我国非物质文化遗产的一部分,首先,在传统的传承方式上进行跟踪和维护,提供相应的资金、技术、人才方面的扶持。然后,要结合大众传媒、现代教育以及文化产业等方面促进传统体育游戏在新时代的传承与传播。具体而言如下:

其一,就大众传媒方面来说,新闻媒体应当开展非物质文化遗产代表性项目的宣传,普及非物质文化遗产知识。新闻媒体作为当代重要的传播媒介之一,应该肩负起对非物质文化普及和推广的责任。那么传统体育游戏作为非物质文化遗产的内容之一,需要借力现代大众传媒,特别是在传统体育游戏传承社会氛围的建立和文化认同的培养方面,现代大众传媒的参与不可或缺。

其二,就文化产业方面来说,在联合国教科文组织总部举办的"创建开放的传统体育游戏数字图书馆"全球项目协商会议,该会议主题表达了:传统体育游戏可以帮助青年人建立与自己根源和身份的联系。联合国信息和传播助理在欢迎辞中强调了传统体育游戏和体育

在促进可持续发展方面的重要性。全球项目"建立开放的传统体育游戏数字图书馆"利用信息通信技术保护传统体育游戏,传承这一活态遗产,缩小数字鸿沟,并以此促进文化和睦。其中将传统体育游戏实现动漫化是目前具有创新性且十分有发展意义的项目。

其三,就现代教育方面,由于全球化以及世界多元性体育文化遗产的标准化等各种趋势的影响,世界上大多数传统体育与游戏已经消失,幸存的游戏也面临着几乎消亡的危机。通过保护、支持、发扬全世界传统体育与游戏,拓宽健康休闲、身体教育与大众体育的达成路径,确保世界体育文化遗产的丰富多样性持续为人类服务;并敦促各国政府、非政府组织、教育、文化和社会机构、社区、家庭和个人受此激励,予以传播,并尽一切努力实现宪章目标。教育部门要将优秀的文化遗产内容和文化知识纳入教学计划,编入教材,组织参观学习活动,激发青少年热爱祖国优秀传统文化的热情。

综上所述,传统体育游戏当前适逢大众传播科技化的时代变迁,正是机不可失之际,我们在对传统传承方式进行扶持和维护的同时,更应该积极探寻在大众传播科技化的今天如何让传统体育游戏乘上信息化的东风。在这个创新与探索的过程中,动漫作为大众传播的重要形式以及现代数字科技的典型,更是文化产业的领军代表,我们要思考如何使动漫充分发挥其优势去促进传统体育游戏深入学校教育、大众生活。

第二节 传统体育游戏传播的一个可资利用的方式——动漫技术

大力发展数字内容和动漫产业,增强我国动漫产业自主良性发展的能力,实现更多高质量原创作品,实施民族动漫振兴工程以后,我国各地政府、教育部门、相关企业机构都积极响应国家的号召,深入发掘我国传统文化,建设民族民间动漫素材库以及动漫公共技术服务体系,正在将传统民间文化与动漫相结合,探索一条创新之路。在国家如此大力发展民族动漫产业的背景下,动漫的应用体现出动漫化传播的文化意义和商业的巨大价值。由此可以看出,动漫是传统体育游戏文化传播的时代选择,传统体育游戏动漫化不仅为传统体育游戏提供了新的传承渠道,也为我国的体育动漫创作内容输送了新鲜血液,拓宽了体育动漫的受众群体面积,弘扬推广了中国传统体育游戏文化。

一、一个当代文化传播的重要方式——动漫化

随着动漫产业的蓬勃发展与国产动漫的人气指数飙升,动画化传播的文化意义与商业价值表现出巨大的潜力,通过动漫化的方式展现当代文化传播的新载体,这其中的深远意义值得我们探索。

(一)动漫产业蓬勃发展与国产动漫人气指数飙升背景

加强创作,培育精品,倡导、扶持动漫产业走民族风格和时代特点相结合的原创之路,坚

持走技术创新与市场开发相结合的产业发展道路,大幅度提高我国原创动漫产品的数量和质量,打造拥有自主知识产权的动漫形象和动漫品牌。鼓励扶持各类所有制企业创作、推广和传播贴近实际、贴近生活、贴近群众,富有中国文化精神、承载中华优秀传统文化、饱含时代特点的动漫产品。

(二)动漫应用凸显动漫化传播的文化意义与商业价值

动漫应用体现出动漫化传播的文化意义。一方面,动漫创意越来越深入生活。在现代社会,动漫早已不再仅仅属于儿童青少年的专属,作为一种典型的视觉化语言,动漫的发展与数字技术相生相伴,动漫总能够吸收时代最先进的技术并且在日常应用中扮演着越来越重要的角色。另一方面,动漫技术逐渐溢出动漫产业原有边界,早期动漫基于电影技术和电视技术得到了成长和发展,如今进入信息化时代,数字信息技术为动画提供了一个更为广阔的舞台和进步空间。

二、传统体育游戏文化传播的时代选择——动漫化生存

将传统体育游戏进行动漫化为传统体育游戏的传承提供了一个新的渠道,同时也为我国动漫提供了一个新的发展方向。从传统体育游戏传承与传播的角度来讲,传统体育游戏动漫化的目的在于以人们对动漫影像的接受促进人们对传统体育文化的接受,那么在传播上使其受众的范围不仅仅是青少年儿童,更能将受众向多元化群体拓展。

(一)为传统游戏传承提供新的渠道

将传统体育游戏进行动漫化的创作也是为传统体育游戏的传承提供一个新的渠道。我国民间游戏有着几千年的民俗文化内涵,长期以来多以自发组织为主,这是其发展的致命弱点。这不仅影响了传统体育游戏的传承,也影响了它的发展和创新。传统体育游戏逐渐消失的原因可归纳为游戏参与者闲暇时间减少、游戏活动场所缺失、游戏活动主体环境缺失、现代科技进步对传统体育游戏的冲击等原因。但是传统体育游戏具有启蒙教育功能,提高民族认同感、发展民族竞技文化滋养源的社会价值,是构建和谐生活的调节剂。建设社会主义文化强国的重大战略任务之一就是实施中华优秀传统文化传承发展工程,这样的措施对于全面提升人民群众的文化素养、传承中华文脉、增强国家文化软实力、维护国家文化安全都具有非凡的意义。在这样的背景下,传统体育游戏的发展与传承迎来了巨大的机遇,同时也伴随着潜在的风险与挑战。

将传统体育游戏背景中包含的神话特定角色进行动漫人物的符号转换,使游戏中拥有固定印象的神话人物生动灵活地呈现出来,并通过动漫人物对该传统体育游戏的规则以及具体的玩法进行演绎,这种将传统体育游戏与动漫融合的方式具有很强的可塑性以及无限的创新性。具体而言,可以通过动漫整体美术风格设计、动漫造型设计、动漫动作设计、动漫场景与道具设计对传统体育游戏进行动漫化表达。

(二)为体育动漫创作内容增添新鲜血液

深入挖掘中华优秀传统文化蕴含的人文精神、思想观念、道德规范,与时俱进地进行传

承与创新,使中国的民族传统文化彰显我国的非凡魅力和时代风采。这一指示为我国文化产业的发展指明了道路。纵观现在国内外已经创作出的体育动漫,其中大部分仍然是关于现代竞技体育或者是休闲体育的动漫主题,而以传统体育为主要内容的动漫作品并不多。将传统体育游戏进行动漫化为我国动漫的发展提供一个新的方向。我国目前动漫产业的发展面临原创内容匮乏、传播渠道狭窄、产业链条较短等问题,当务之急是尽快在动漫产品融入中国传统文化元素和民族精神,使中国民族动漫不仅仅囿于武术主题范围内,要冲破固有的思想桎梏,实现开拓创新,将传统体育游戏作为更具体、更有开发性价值的元素融入动漫。

(三)为弘扬推广传统体育文化拓宽受众

我国传统体育游戏在其漫长的历史发展过程中凝聚和传承了中国特有的民俗文化。传统体育游戏积淀和蕴含着全国各族人民的特色文化和地域特色,既有简单随意的自由小游戏,也有要求高、规则多的大型游戏。在可以由很多人参与的大型部落游戏中,人们能够感知到群体凝聚力,达到本群体、本民族认同的作用,并促使群体内部产生亲近感。比如每年的那达慕运动会,通过骑马、摔跤、博克这些传统的体育游戏运动来传承当地民族文化。所以对于传统体育文化的传承,不仅要在各民族内部进行延续,还应该扩大受众,让更多人了解属于中国的特色传统文化,实现我国大众的文化自信。

文化的传播过程往往伴随着文化增值,动漫传播对传统体育文化信息进行放大从而实现增值。所谓文化增殖是一种文化的放大现象,传播所带来的文化增殖,具体可以体现在传统体育游戏动漫化的过程中。从传统体育游戏传承与传播的角度来讲,传统体育游戏动漫化的目的在于以人们对动漫影像的接受促进人们对传统体育文化的接受。那么在传播上使其受众的范围不仅仅是青少年儿童,而是面向所有可接受动漫内容的群体。

具体而言,可以通过对传统体育文化"质"和"量"的放大两个层面实现。一方面,传统体育游戏的动漫化传播带来传统体育文化信息"量的增放"。现代大众传媒为文化传播所带来的最大的文化增值效应,即表现在传播时间的缩短和传播效率的提高方面;另一方面,传统体育游戏的动漫化传播带来传统体育文化信息"质的扩充"。"质的扩充"首先体现为动漫传播促进了内容文化上的创新。文化只有在交流中才能得到创新和发展,传统体育文化也不例外。传统体育文化是具有可接受性的,传统体育游戏传播是以传播者和共享者共同接受为基础,即传统体育游戏能够被群体或者个人所接受并传承,那么对其观众的定位人群可以从小学到大学以及成年人都能涉及。

综上所述,在我国动漫市场环境的扩展和国家大力弘扬传统文化的氛围中,引导我国动漫产业走向更好的市场指日可待。因为我国拥有历史悠久的文化积淀、丰富多彩的民族特色、发掘潜力巨大的体育文化宝库等丰富的资源保障。将传统体育游戏动漫化,是传统体育游戏文化传播的时代选择,也是传统体育文化机不可失的一次尝试,在为传统体育游戏传承提供新的渠道的同时,也为当下中国体育动漫的创作内容增添新鲜血液,使更多的人群了解传统体育文化。

第三节　当前体育运动动漫化传播特征

通过对当前国内外体育游戏动漫传播的特征及其表达方式的研究分析,发现目前体育游戏动漫的传播特征主要是:运动竞赛为主线,调动情感费思量;主角活动成副线,叙事青睐故事化;传统体育游戏成素材,增加趋势较明显。

在国内动漫方面,我国已完成和连载中的体育动漫可分为球类、田径类、综合类、棋类及赛车类。通过对近几年国内动漫的大量观看后,国内逐渐出现越来越多以中国优秀传统文化为素材的优秀动漫,其中蹴鞠、踢毽球、抢包山、射箭、赛龙舟等传统体育游戏也以各种形式出现在动漫作品里。传统体育游戏融入动漫的趋势在逐步上升。

综上所述,由上对部分体育动漫的对比分析,可以将当前体育游戏动漫化传播的特征,大致分为以下三点。

一、运动竞赛为主线,调动情感费思量

以竞技体育运动为创作素材的动漫通过对竞技体育赛事的刻画和纪录能够充分调动观众的热情,通过在动漫中上演一次次惊心动魄的赛事,让观众仿佛身临其境。特别是有些静止镜头和角色人物的独白可以突出当时比赛的紧张气氛,这种调动观众的情绪能力即便是比赛的真实现场恐怕也难以达到。

这类体育动漫的特色就是能够充分利用竞技体育的竞争性,使观众感到紧张又刺激,通过动漫角色中第一人称的视角和内心活动能够让观众去感受动漫中赛事的紧张以及动漫人物内心的真实想法,这种体验感比现场观看更为丰富和饱满,因为它诱导了观众自身的想象能力和情感共鸣。

二、主角活动成副线,叙事青睐故事化

体育运动类动漫除了在故事情节中穿插一场场惊心动魄的赛事,制造让观众容易情绪起伏的情感共鸣外,还可把动漫中人物角色的日常生活、学习工作、运动训练、个人感情作为整个动漫故事剧本的副线进行发展。通过赛事的呈现可以构成整个动漫作品的大框架,推动整个动漫的剧本情节的发展,也能够清楚地呈现出动漫人物角色的成长轨迹,以此刻画角色的人生理想追求。而对动漫角色人物日常生活,运动训练,关于亲情、友情、爱情的相关细节的展示,可以使整个角色人物形象更饱满,情感更丰富,更加贴近日常生活。尤其普通青年在个人成长中遇到的一些生活琐事和青春期的敏感情绪以及对未来的迷茫都可以在动漫中进行呈现,这样拉近了与观众的距离,更能让观众产生情感共鸣。

三、传统游戏成素材,增加趋势较明显

在国内与体育游戏相关的动漫中,是将某项运动作为该部动漫故事发展的主线;但是国

内的后期作品,开始出现将运动项目作为部分元素插入,作为推动动漫故事情节发展的一部分的形式出现。在国家大力推行传统文化的政策下,国产动漫中出现的优秀作品越来越多。

第四节 当下我国传统体育游戏动漫化传播的未来路径

针对目前我国传统体育游戏动漫化面临的问题,该如何优化其未来发展路径,可以从以下几个方面努力:一是通过创建传统体育动漫自媒体平台以建立稳定迷群,开设传统体育游戏发源地体验服务,实现线上线下一体化,构建用户体验式动漫产业链;二是将传统故事人物形象进行创新设计,实现传统体育游戏故事泛娱化剧本的改编,进而加强以多元化的视角和表达的创作观念,扩大以成人为消费群体的传统体育动漫周边产品,促进动漫剧本转型升级;三是国家大力支持传统体育游戏动漫产业的发展,重视培养传统体育游戏和动漫双向复合型人才,动漫企业积极响应国家政策,发挥主观能动性,创作出更多能够代表我国传统文化的优秀动漫作品;四是通过举办大型国际动漫节以促进国内国外文化交流,实现多种国际合作方式,从而提升国产动漫国际影响力,丰富我国传统体育游戏输出的方式。

一、打造线上线下一体化,构建体验式动漫产业链

就线上而言,搭建出能够让更多的传统体育动漫爱好者接触到最新最全面的优秀动漫作品的自媒体平台,建立并培养稳定且基数不断增长的传统体育动漫迷群,这是优化当下我国传统体育游戏动漫化传播的线上可取路径之一;那么就线下而言,依托传统体育游戏发源地开设传统文化旅游体验,可以由地方政府文旅部门和动漫企业共同合作对传统体育文化发源地进行开发,依托当地民族特色,修建与动漫内容相呼应的旅游场所,使游客身临其境,感受沉浸式的体验。从而打造线上线下一体化,构建体验式动漫产业链。

(一)创建传统体育动漫自媒体平台以建立稳定迷群

就线上而言,目前存在的与动漫相关的自媒体包括各大动漫网站、微信公众号、微博等,但是具体针对传统体育动漫的自媒体平台相对较少,大部分的传统体育动漫爱好者都较为分散地分布在不同的自媒体平台。倘若针对传统体育动漫开设专门的播放平台以及相关自媒体平台,以此为基础组建传统体育动漫的稳定迷群,迷群通过网络虚拟社区就某些动漫作品得以交换意见和分享看法与感受,以此创建出良好的传统体育动漫网络虚拟生态环境,达到将传统体育游戏通过网络社区和迷群互动的方式进行传承。在现有的部分与传统体育动漫相关的自媒体上,应该取其精华,去其糟粕,综合来看可总结以下两方面,其一,要更全面、更深层次发掘传统体育文化,对传统体育游戏善于结合现代元素进行改编、进行创作。近年来我国在体育产业和动漫产业方面出台了很多鼓励发展的相关政策,尤其是国家对传统文化地大力推行,比如冬季运动项目的全民热潮以及腾讯动漫在近几年推出的"青年化""国产动漫 IP"战略等。结合相关政策从更全面、更宏观的角度观察体育、动漫、传统体育文化以及三者和社会、生活、人文等方面的联系,从而可以创作出更多内容丰富的自媒体专题栏目;其

二,提高自媒体用户的黏性和参与度以及探索多样化的推广传播方式。

(二)依托传统体育游戏发源地开设传统文化旅游体验

就线下而言,依托传统体育游戏发源地开设传统文化旅游体验,这种方式可以称之为"动漫发生地旅游"模式。这种通过动漫带动的一些地方旅游的模式在国外并不少见,受众因为在动漫中感受到的美景和情感体验,如果能在现实生活中找到一处可以进行动漫中的场景、人物还原,那么就会加深受众的体验感,从而促进动漫周边产品的消费。

大多数动漫爱好者,把这样的旅游模式不仅仅当成一次简单的休闲娱乐,而是把情感依托寄予行程中,在现实生活中去体验动漫带来的情感洗礼,从而使自己在感情上得到升华。正是这种能够从心灵上带来舒服和愉悦感的模式,让一些地区的旅游业得到快速的发展。

其实这样的线下旅游地体验,目前国外已经发展较为成熟,不仅是动漫所衍生的旅游地体验,我们熟知的迪士尼、侏罗纪公园、哈利·波特主题小镇等,这些都是依托动漫或者电影产品衍生出的大型周边消费模式。在我国,我们可以参考和借鉴这些优秀的文化产业模式,通过创新和探索,使传统体育游戏题材的动漫也能够刺激传统体育文化的旅游。传统体育文化题材的动漫能够引发人们对相关传统体育游戏的兴趣,对游戏背后的特色民族文化的探索,通过传统体育游戏发源地的当地政府和动漫企业合作,开发"动漫发生地旅游",在动漫原有的场景和人物形象上进行还原的同时,还可以引入传统体育游戏的真实参与体验环节,这样能够最大程度上提高消费者的"原真性"体验,并且也能够很好地推广传统体育游戏,扩大传统体育文化的传播面积。

二、创新传统人物原形象,促进受众迷群多元化

打造拥有自主知识产权的动漫形象和动漫品牌。鼓励扶持各类所有制企业创作、推广和传播贴近实际、贴近生活、贴近群众,富有中国文化精神、承载中华优秀传统文化、饱含时代特点的动漫产品。我国动漫企业以及民间自由创作者应该将传统故事人物形象进行创新设计,实现传统体育游戏故事泛娱化剧本改编。

目前,中国的经济稳步上升,我国需要从制造大国向制造强国迈步,人们的精神生活倾向更加明显,我国目前动漫周边产品市场需求扩大,而我国动漫市场开发的程度以及动漫周边创新的程度却跟不上消费者真实需求水平,所以以传统体育文化为基础,向动漫周边市场注入新的动力,使目前我国动漫周边形象设计的玩具等衍生产品的制作和研发更趋向多元化发展。在此之前,动漫周边产品均以儿童为主要设计用户,相关产品设计理念也是从儿童的审美出发,随着成人型动漫的数量的增加,传统体育动漫周边产品的设计理念也应向多元化转型。加强以成人化的视角和表达的创作观念,扩大以多元化消费用户的传统体育动漫周边产品。

(一)创新设计传统民族人物形象外观

在我们已知的故事原型人物形象上通过结合当下较为流行的元素进行改编和创新,从而达到使受众眼前一亮的视觉效果,进而更直观地促使受众对传统体育游戏投入更多的注

意力和关注度。

（二）实现传统体育游戏故事泛娱化剧本化改编

动漫是善于表现怀旧情结的艺术创作。动漫与写实的电影作品最大的区别在于想象空间，很多现实生活中无法实现的场景可以通过动漫的艺术手法进行表达，这也赋予了动漫能够唤起观众内心深处对美好、纯真的向往的功能，尤其是在对充满了童真的未知虚拟世界，可以使人们在如今快节奏、嘈杂的时代寻得一隅心灵休憩之地。

所以，动漫的剧本创造就显得十分重要，日本动漫大师宫崎骏所创造的动漫作品中，多数都是依托于真实社会时代背景的基础，进行虚拟世界的构建，使人物在真实情感发展与梦幻世界中交织，让观众在动漫中体验到现实生活中无法感受到的情愫。

那么在我们进行传统体育游戏动漫化传播的过程中，我们也要深入发掘传统体育文化背后的民族文化，通过对该游戏所反映的民族精神去深化故事剧本的内涵，提升整个剧本的高度和思想，实现这一创作并非难事，因为我们有五千年的文化沉淀和历史依托，只有推陈出新，创造性地发掘和开拓，才能在创作动漫文化产品自身价值的同时，使我们的传统体育游戏进一步地得到传承和推广。作为运营商，要积极响应国家的相关政策，深入发掘传统体育游戏中的文化价值，创造具有民族特色的动漫作品，为国产动漫市场注入新鲜血液，将传统体育游戏中蕴含的民族文化通过动漫创作的方式更加形象生动地呈现在人们的眼前，这也是传统体育游戏在传承方式上做出的创造性改变。

（三）加强成人化创造观念以及扩大周边产品多元化

创作题材呈低龄化，这是中国动漫很长一段时间的显著特点，也是重点突破的难点，要想实现我国动漫的转型升级，就必然要加强以成人化的视角和表达的创作观念。越来越多创作观念成人化的优秀动漫作品的产生，可以吸引更多的成人受众，同时反过来，成年受众的审美和要求也促使着动漫作品品质更上一个台阶。传统体育游戏中的很多元素，对应的不单单是青少年儿童，因此，我们应深入发掘动漫作品的素材，使其定位于成年人受众。

如今12岁以下的儿童观众和25岁以上的成年观众陆续加入消费者行列，之前的受众定位就应该适时进行调整，以便更好地满足消费者需求。其打造的商业模式具有典型的特征：包括中国元素与高科技的巧妙融合、产业链与衍生品的开发、吸引眼球维系热度、增强与受众的互动和消费者参与体验等。对于传统体育动漫的周边产品的开发，可以借鉴相关成功的经验，扩大以成人为主的消费用户，加强更多的成人化的设计。

商业模式的本质在于创造顾客的体验价值，即企业能提供何种文化产品或服务，给顾客带来何种独特的体验价值。无论是旅游体验地模式，还是由动漫周边衍生出来的产品，都是通过商业的操作去创造顾客的体验价值。

三、响应国家扶持性政策，打造双向复合人才库

扶持和倡导动漫产业走民族风格和时代特点相结合的原创之路，坚持技术创新和市场开发相结合的产业发展道路，打造中国形象的动漫品牌；国家鼓励和支持开展非物质文化遗

产代表性项目的传承、传播。传统体育游戏作为中国的非物质文化遗传的一部分，了解并传承传统体育游戏也是当代中国青年的共同责任。相关企业和高校要积极响应国家政策，重视双向复合型人才培养。

（一）国家大力支持传统体育游戏动漫产业的发展

中国传统文化是中华文明演化过程中形成的反映民族特质和风貌的民族文化，它是中华民族几千年文明的塑造和结晶，其特有的文化和文明底蕴，为文化产业发展提供了极大的价值资源。动漫产业作为国际社会公认的"21世纪最具有潜力的朝阳产业"和"无烟环保产业"，是我国政府着力扶持的最具发展潜力的新兴文化产业之一。传统体育游戏作为中国传统文化中富有典型特色的部分之一，为中国动漫产业提供丰富的创作素材，其中可发掘的价值巨大。《功夫熊猫》这部充满中华文化色彩的动漫取得如此大的成功，可见中华文化的国际影响力以及国际动漫市场的巨大潜在价值。

发展文化产业的关键是文化创意，发展我国的动漫产业一定要发挥我国的文化优势，我国最大的文化优势在于几千年的文化积累和文化底蕴，国家大力支持传统体育动漫化可以促进传统体育游戏项目的普及与发展，在实现动漫产业链的成熟发展后，可以通过动漫技术增加某些比赛项目的"确定性"和趣味性，例如NBA手游里对动漫化的球员进行选择和任意组队。这种应用同样可以借鉴到传统体育游戏中，可以把传统体育游戏中蹴鞠、赛龙舟一类的具有竞技性的项目进行开发。国家对传统体育游戏动漫产业的支持，不仅可以弘扬我国的民族文化，还可以对我国动漫产业的经济发展起到一定的促进作用。

（二）重视培养传统体育游戏和动漫双向复合型人才

我国目前正在从体育大国向体育强国迈步，我们这一路走来积累了许多宝贵的体育文化资源，也培养了许多体育储备人才。那么如果把当下体育方面人才的丰富经验加以利用，无论是体育动漫里的从角色设计寻找人物原型，还是从将体育人才的体育功能发挥在动漫内容创作之上都可以有很大的发挥空间。

在动漫人才培养方面，我国应加大社会资金投入高校教育，有效提高政府投入教育资金的比例，多设置一些与时俱进的动漫类的专业，培养一批专业性的技术人才，为我国动漫事业发展提供原生动力。其实，无论是从我国文化发展的层面，还是从我国经济提升的角度而言，目前培养出更多的复合型人才是很有必要的，这也是我国体育类动漫与国际化接轨的必由之路。通过传统体育游戏动漫化，把更多的传统体育文化结合动漫的方式进行国际上的推广，也是增强我国文化自信的方式之一，我们要培养和发展励志于振兴我们传统文化的有志青年，同时为这些青年提供更为广阔的学习平台、更多与时俱进的专业技术，从而提升传统体育游戏知名度。

传统体育和游戏有助于不同文化和社会团体、社区和国家之间的相互理解与和平相处，传统体育和游戏是他们身份认同的方式。因此，必须强调传统体育和游戏的重要性，必须为所有人，特别是对社会中的年轻人和弱势群体，提供开展传统体育游戏的机会。于青年人而言，应承担一定的社会责任，对传统体育游戏进行传承并发扬，要在注重传统文化学习的同时留意和观察有别于传统的传承模式,学习与动漫相关的专业技能,提升自己的实力;于政府而言,应注重高校应用型人才的培养,发掘有天赋的人才,增强技术型人才培养,加大在故事创作能力方面的培养力度,并且加大专业型动画故事创作人才的培养比重,培养复合型人才。

四、提升国产动漫影响力,促进传统体育游戏国际化

对于动漫产业而言,未来的发展方向将是努力打造原创民族动漫品牌,推动动漫产品"走出去",可以通过举办大型国际动漫节,国家之间加强合作交流,加强中外合拍合制的方式,随着中国动漫产业的发展,国际影响力也在不断提升,中国动漫走出去的方式也是多种多样的,从而促进我国传统体育游戏走向国际舞台。

(一)举办大型国际动漫节以促进交流

全面加强知识产权保护,健全知识产权侵权惩罚性赔偿制度,促进发明创造和转化运用。在少儿作品仍旧占据动漫作品主流的同时,传统文化IP正在为动漫作品开发全龄化市场提供前所未有的机遇,以动漫节为契机开展的国际文化交流也成为产业发展亮点。随着IP衍生开发的潜力被逐步释放,版权保护氛围不断优化,我国动漫产业正面临发展的新机遇。我国动漫产业发展空间越来越大,吸引的展商也就越来越多。通过举办大型国际动漫节以促进文化交流,拓宽传统体育游戏动漫化的实现平台,为中国传统体育文化的传播与推广实现更多的渠道。

(二)实现多种国际合作方式以扩大影响

一方面通过国家之间共同完成动漫作品形象设计,比如央视动漫以中国国宝熊猫与合作国家的知名典型动画形象为共同角色,打造出"熊猫系列"优秀动画。"熊猫和和"作为中国首个动漫类文化交流大使,承载着中国人民仁善、宽厚、谦和的民族气质,深受全世界孩子的喜爱,在全球的认同感越来越强。

另一方面,中外合拍合制是现阶段中国动漫与国际动漫之间最主流的合作模式,也是中国动漫提升核心竞争力的关键所在。

此外,还有一些个人以自己的影响力进行传播。在我国,动漫作为产业大致经历了由量取胜到由质取胜的过程,产业的发展需要各环节的支撑。通过丰富国产动漫输出国际市场的方式,扩大国产动漫在国际上的影响力,从而实现我国传统体育文化的推广,创新传统体育游戏的传承方式,延长传统体育游戏的生命力。

第七章

民族传统体育文化传承与发展

第一节 民族传统体育的传承

一、民族传统体育的传承范畴

(一)风俗习惯

民族风俗习惯是指各民族在服饰、饮食、居住、生产、婚姻、节庆、礼仪等物质生产和文化生活方面广泛交流的喜好、风气、习尚和禁忌等。它是一种复杂的民族社会现象,从这个社会现象中可以折射出民族传统体育的风貌。

第一,民族传统体育浸入传统节日、婚俗以及人们的生活。节庆是一个民族特有的一种传统庆典活动,它作为一种文化传递的方式起着重要的作用,各个民族丰富多彩的节庆活动构成了一种寓意深刻的独特的文化表达方式。从节庆时节继承下来的民族传统体育分为新春伊始类、婚恋郊游类、农闲生产类和娱乐狂欢类,透视出一个民族古老而丰厚的文化传统,折射出不同民族的社会历史和文化变迁的轨迹。这些活动把一个民族的传统文化以一种形象直观的方式表现出来,使得民族古老文化得以复活重现。以上种种说明了我国民族传统体育经历几千年的承袭、发展、演变,成为当今世界体育文化中的瑰宝,充分证明了文化传承的存在。

第二,歌会、墟场、庆典活动涵盖了民族传统体育活动。这是一个民族长期以来自然形成的具有较大稳定性的一种民族体育文化表现形式。这种形式有的是在劳动生产过程中进行创作的,有的是在丰收以后庆节时表演,载歌载舞,丰富多彩。它通过代代相传的方式被一个民族直接传承下来,体现着较为丰富的文化内涵。这些被继承下来而得到延续的不仅是一个民族特有的文化标志,而且还负载着许多独特的文化观念。

(二)生产方式

在民族社会发展过程中,狩猎、牧业、渔业等各种生产方式是人类满足生存与生活的基本手段,是自身力量作用于客观物质生产的一项活动。游离于物质生产过程的民族传统体育,既不能脱离这些物质生产方式,又是对这些生产方式的一种补偿,它贯穿于人类生产实践活动的全过程。

第一,狩猎是人们在长期生产过程中的经验、智慧的积累,也是战胜大自然,克服恶劣环境、战胜野生动物得以生存的手段。在农牧并存的地区,农牧民经常迁徙,居住毡帐,骑马行进狩猎,创造了多种多样的狩猎组织形式。猎物不仅解决了物质生活的需要,还形成了大量具有民族特色的狩猎习俗。现在流传的民族传统体育项目,如骑马、马术、射箭、射箭、射弩、打飞棒、攀藤、撑杆跳远、打弹弓、狩猎、飞石锁、爬犁等,都是在物质生产过程中得到传承与演进的,它反映了一个民族物质文化的重要基础,与其民族传统体育文化变迁有着十分密切的联系。

第二,渔业是鱼文化的主要内容,其经济和文化价值在人类的文化发展史上居于特殊的重要地位。生活本身就为创造古老的渔业体育文化提供了可靠的物质基础。同时,有些地方不是单一的渔业经济地区,而是渔农兼作。不论从哪个渔业区传承下来的民族传统体育活动方式,都有一个共同的特点,即民族传统体育与当地经济生产活动相联系,融为一体,是生产经验的总结与推广,具有明显稳定的长期传承的特点,实现着一定的社会价值。

第三,随着商品的流通、贸易往来,交通运输设施的兴建与运输工具的制造,人际交流的频率越来越快,人们便从生产交通工具的特性中延伸创造出来供人们闲暇娱乐、满足新奇刺激心理和锻炼冒险精神的体育活动。"狗拉雪橇"是北方狩猎民族冬季经常使用的主要交通工具,为各族的经济、文化交流起着不可低估的作用;西北的的羊皮筏子,自古以来,无数边疆使节、中外商贾泅渡黄河,载人运货,羊皮筏子、牛皮袋发挥了重要作用。凡此种种表明,运输工具也可以是社会文化的使者,从这里面可以折射出交通工具所负载的某些文化含义,从而使民族传统体育本身得以传承与发展。

二、民族传统体育的传承途径

教育是文化的一部分,又是特殊的高级文化载体。Culture 一词本身就是培养、培育、教养的意思,这是典型的教育的本意。没有教育的作用,任何文化都不会发生,教育的生命机制是文化产生和发展的不可或缺的因素,"自有人生,便有教育"。任何一种文化现象都必须借助于教育而产生,并凭借教育机制来进行传承与整合,民族传统体育文化也是如此。但原始社会没有专门的教育机构和专职教师,教育是自然形成的。其手段主要依靠言传身教,大量进行身体模仿练习,反复进行各种蕴含着体育萌芽的游戏。这在目前许多民族传统体育项目中均留下了深深的痕迹。如生活在贵州省的人民是世界上最早种植水稻的民族之一,他们是农业民族,所以其活动大多同农事生产有关,在这些活动当中,通常蕴含着许多有关农事生产的专业知识,其游戏的过程就是一种变相的教育过程。现代民族传统教育虽不再以这样的形式为主,但民族传统体育的这一功能性并未减弱。可以说,民族传统体育和民族教育是融为一体的,它既从属于民族教育,反映着原始的民族教育,同时又依赖于民族教育进行变更和发展。

(一)民族传统体育在社会教育中的传承

中国各民族教育萌生和发展的历史事实表明,各民族的学校教育在文化传播与延续方面并没有为整个民族文化生态平衡的维持提供特别有效的途径。对于大多数民族成员来说,他们对传统文化观念和知识的获得,更多的是依靠蕴藏于风俗习惯之中的非学校教育。民族传统体育的传承更多的也是依靠民风民俗,在节日庆典与劳动闲暇当中,通过有意识地教授或是无意识地浸染,将民族传统体育的活动形式、文化精神传承给年轻一代的民族成员,并通过不断地重复将其固定下来。

体育文化形成的过程是人类遵循文化发展的结构性规律,从生产与生活实践中不断提炼出体育的成分,并逐渐从生产生活中将其剥离的过程,它本身即具有非常浓厚的生产性与生活性。许多民族居民普遍认为生产、生活因素是民族传统体育的精髓,也正是源于这样的认识,民族体育在社会范围的大教育中最能得到传承的动力。民族传统居民接触民族传统体育的途径,是频率最高的节日庆典、婚嫁仪式、村寨间竞赛活动等。这些都属于社会教育的范畴,不是有计划、有目的的规范传承,更多的是通过社会范围的大教育,潜移默化地将民族传统体育移植到年轻一代的行为习惯里。

(二)民族传统体育在社会民俗中的传承

社会民俗是指一个民族或一个社会群体在长期的生产实践和社会生活中逐渐形成并世代相传、较为稳定的文化事项。民族传统体育不直接创造物质利益,较之于一般的生产生活,它更多的是一种精神文化,因此在民族生活中,它多与节日庆典结合在一起。一方面作为节日庆典中的诸多仪式之一,它以身体活动的形式传达该仪式更深层的精神意义;另一方面也借助节日庆典对民族生活所产生影响的深度和广度来达到传承的目的。如春节,从农历正月初一到十五,主要是开展各种文化娱乐活动。这些娱乐活动包括耍龙灯、耍狮子、跳地戏、唱花灯、打毽、荡秋千、踩高跷、打陀螺、对歌等内容。

在春节期间有一个社交节日——"赶年场"。节日这天,人们身着盛装,成群结队去赶年场,通过赶年场,不仅可以进行物资的交流,还可以进行荡秋千、舞狮子、耍龙灯等娱乐活动。云南有的地区在这一节日里,除了跳芦笙舞,还要进行赛马、斗牛等活动。

总而言之,从民族的节日庆典当中可以看出,民族传统体育是社会民俗的一个重要组成部分,随其产生而产生,并且也随其发展而完成自身传承、整合的过程。

第二节 民族传统体育的挖掘与整理

不同民族在漫长的历史发展过程中所创造的体育活动都有着本民族和本地区的独有特征,并形成一种文化传统积淀,这些多姿多彩的民族传统体育活动共同构筑了中华体育文化宝库。

平等、团结、互助的民族政策为各民族体育文化的交流和发展创造了良好的条件。在党和政府的"积极领导,改革提高,稳步前进"的民族体育方针的指导下,我国民族传统体育走上了振兴与发展的道路。人民政府对民族体育进行了大规模的挖掘、整理,还举办民族传统体育运动会加以推广。挖掘整理各民族传统体育形式,已成为弘扬民族体育文化,发展民族体育事业和全民健身运动,增强各民族人民的身体素质,促进各民族团结的重要环节。

一、挖掘和整理民族传统体育文化的意义

中华民族传统体育运动作为人类社会生活的一部分,若能开发出其应有的内在价值和作用,对弘扬中华民族体育和民族精神将有重要的意义。

(一)丰富体育文化宝库,弘扬中华传统美德

我国民族传统体育项目多种多样,无一不体现着历史悠久的中华文化。它们记载了各民族的人际关系、民族性格、伦理道德、民众心理等。无论是在史前体育、古代体育、近代体育,还是在现代体育中,民族传统体育在不同的时期,都以其独特的魅力而成为体育文化宝

库中的奇葩,每时每刻都在为体育宝库添姿添色,对它的挖掘和整理对体育文化宝库而言,既是继承又是丰富。

民族传统体育项目除具有浓厚的趣味性、观赏性外,更重要的是它反映了我国人民淳朴善良、勤劳勇敢、热爱生活、热爱集体的传统美德。它不仅为丰富群众的业余文化生活提供了可供选择的内容,而且还激励人们将这些传统美德发扬光大。

(二)提炼民族体育精华,促进体育理论和教学实践的发展

正确的理论来源于实践,同时又指导着实践。民族体育在人类历史的长河中,在分布广泛的地域中,在实践中不断地总结经验,又不断地从丰富的经验中升华出理论,从而指导体育事业的发展。同时在这个升华的过程中,各民族人民充分发挥自己的聪明才智,总结这些民族体育的不同特点,并加以整理、记录,规范出了一套行之有效的方法,建立竞赛规则,使之有一个统一参照标准,以便于普及与推广,这无形之中推动了体育理论的发展。

结合素质教育的要求,在学校中开展民族传统体育项目教学,能有效促进学校体育与社会体育的接轨。民族传统体育课的教学,为学生的终身体育思想奠定基础,将民族体育项目引进课堂正日益受到国家的重视。

(三)推动竞技体育及全民健身运动的发展

民族传统体育以其丰富多彩的运动项目、极富魅力的文化背景和轻松活泼的氛围,既娱乐又健身的功能而深受人们的喜爱,我们不仅可以把其中许多项目发展成为竞技体育运动,还可以从中掌握借鉴一些训练方法,如标枪运动中肩带的力量训练方法就是借鉴武术中的"耗肩"动作。

民族传统体育还为全民健身活动的开展提供了丰富多彩的练习形式和方法。我国有几百种民族传统体育项目,许多项目都与其民族的历史变革、民风民俗有着不可分割的联系,其社会表现形式紧紧地附着在地方传统文化和传统节日之中,这也为该地区的全民健身提供了极为丰富的内容和形式。

二、不同内容的民族传统体育项目的挖掘与整理

(一)健身娱乐内容的民族传统体育项目的挖掘

现代科技使整个社会经济有了巨大的进步。参加体育活动日益成为人们日常生活的重要内容,闲暇体育、终身体育成为社会潮流。人们需要体育,甚至离不开体育,时时寻找各种适合于自己的健身娱乐体育项目和方式。"假日经济"在中国已经呈现出巨大的效应,我国除春节外,还有国庆黄金周,在这些长假里,人们尽情地享受生活,全国各旅游景点也都纷纷推出自己的特色体育项目,以吸引游客,这对我们的挖掘整理非常有利,但也对挖掘整理工作提出了更高的要求。

(二)适合走进学校课堂的民族传统体育项目的挖掘

随着社会的发展,一些锻炼价值较高的民族传统体育项目相继被列入全国或地方的学校体育教材中,如武术、八段锦、秋千等。传统体育项目开始受到各学校的普遍重视,学校原

有的达标体育项目开始受到健身体育的冲击,很多枯燥无味的竞技体育项目渐渐退出学校体育课堂,而代之以一些民族传统体育项目,如民族游戏踢毽子、跳绳、拔河等。对这类传统体育项目的收集整理和创新工作将成为体育教材改革的突破点。

(三)适合家庭开展的民族传统体育项目的挖掘

随着人们生活的日渐富裕,人们对生活的质量要求也越来越高,家庭体育也开始逐渐升温。体育逐渐步入家庭,标志着我国家庭体育的兴起,开拓全民健身的途径已经进入一个新的领域。所以,挖掘整理也要顺应这个客观发展规律,多开发一些适合家庭开展的项目,在每开发一个项目之前,都要进行科学、系统的研究。

(四)民族传统体育与我国体育产业的有机结合

我国的民族传统体育历史悠久,但起点较低,古代的民族传统体育仅仅只是作为一种游戏流传于民间。20世纪90年代以后,人们开始认识到体育的商业价值,才开始用市场经营手段经营体育事业,找出了一条以民族传统体育推动全民健身运动,再推动相关体育产业发展的道路。中国体育由社会体育、学校体育和竞技体育三部分组成,这是中国体育进行、发展和管理的社会现实,也是中国体育决策的依据。我国的体育产业应围绕社会体育、学校体育和竞技体育而展开。这就给挖掘整理出了一道难题,既要整理出好的体育项目,又要有利于体育产业的顺利发展,两方面都要兼顾。体育以它广泛的社会意义涉及所有的健身、娱乐和竞赛活动,它已经对当今社会的许多方面产生了巨大的影响,没有任何一种单一的社会现象能如此地受到媒体的关注。体育是一个巨大的产业,而且这种倾向会越来越明显。所以,我们的挖掘整理必须考虑到我国体育产业的发展。

我国的民族传统体育在漫长的历史演化过程中,经过各民族人民不断地雕琢正在逐渐地完善。它的多重属性日益受到人们的普遍重视,它的民族性、传统性、文化性已经显示出巨大的价值。在今后的挖掘整理工作中我们一定要把握它的民族性和传统性,强调时代精神,以精神性和体育性为依托,运用科学的方法去研究。相信,通过我们的努力民族传统体育的明天会更加美好。

第三节 民族传统体育与现代体育

体育,无论以何种形式存在,或者说无论哪种体育形式,它们都有以下一些共同特征:第一,从人与自然、人与社会之间的关系看,体育不过是人们为适应自然环境和社会需要而自觉改造(完善、优化与开发)自我身心的行为;第二,从主体与客体、动机与效果的关系来看,体育的主体与客体(对象)、动机与效果都统一于人的自身。这两点是各种体育形式的共同特征,它们构成体育区别于其他任何事物的特殊的本质。

一、现代体育的特征与功能

(一)现代体育的特征

"更高、更快、更强"是对现代体育精神的高度概括,表明了现代体育运动发展、向前、永无止境地追求目标,它永远激励着运动员去攀登体育运动高峰,不断地超越自我,超越他人,展示了现代体育运动所倡导的永远进取、不断创造的精神实质。现代体育教育中的一个重要的指导思想,就是通过体育这一特定的教育形式,帮助青年获得健康积极的情绪体验,诱导和激发青年奋发进取的生活态度,锻造其坚韧不拔的意志品质。

首先,现代体育运动的竞争性有助于发展青年行为的积极性。任何一种竞赛活动,对参与者来说,都会受到竞赛目标、竞赛对手的竞争行为对自己构成的一种心理压力,从而也刺激和强化了自己的行为强度。

其次,现代体育运动所具有的追求胜利和成绩的特性以及永不言败的精神,有助于激发青年的进取心和自尊心。

最后,体育运动成绩的不断提高,目的就在于不断挖掘人体自身运动潜力,不断克服内在和外在的困难,增强人的抗挫折能力。只有在体育运动中发扬"更高、更快、更强"的精神,才能不断地超越自己和超越别人,获得成功的体验。当然要想在运动场上争得一席之地,绝非一日之功,没有锲而不舍、自强不息的精神是不可能达到希望的彼岸的。

(二)现代体育的功能

1. 促进优化经济结构,增加就业机会

体育事业的发展在优化经济结构、增加就业机会等方面将发挥重要的作用。随着人民群众生活水平的提高和空闲时间的增多,休闲将成为人们重要的生活方式。体育作为休闲方式的重要组成部分,能够满足人们多方面的需要。竞技体育本身蕴含着巨大的商机,对竞技体育和休闲体育的产业化开发,将大大促进体育产业的蓬勃发展。无论是竞技体育还是休闲体育的开展,都会带动器材、服装、场地、娱乐、服务等相关产业的发展。这些产业的发展需要大量的相关服务、管理和技术等人员参与,这无形中就为人民群众的就业提供了机会。体育产业是第三产业的重要组成部分,其经济比重的增加将有利于第三产业比重的提高,从而有利于经济结构的合理转变。因此,发展体育产业,满足人民群众的体育需求,为构建社会主义和谐社会的经济做出应有的贡献是我国体育发展的必然选择。

2. 培养消费群体,引导消费观念

我国目前正在经历构建和谐社会的关键时期,人民的生活水平逐步提高,消费的途径也日益丰富多彩。合理的消费群体和科学的消费观念对社会主义经济建设的良性发展有着积极的意义。

体育事业的开展对培养体育消费群体,引导科学合理的消费观念有着积极的意义。竞技体育项目众多、对抗激烈、引人入胜。有世界性的大型比赛,如奥运会、世界杯足球比赛;有洲际比赛,如欧洲锦标赛、亚运会;也有国家范围的比赛;还有各种各样的集体比赛。大众体育丰富多彩、项目贴近生活,对人们的休闲、娱乐、健身强体、扩大社会交流具有重要的促进作用。无论是竞技体育还是大众体育都凭借自身的魅力吸引着众多人参与其中。如果我们进行正确的引导,就会使越来越多的人了解体育的魅力和作用,成为体育消费者。而且,我国体育消费还有很大的潜力有待挖掘。人们愿意花钱买娱乐、花钱买健康、花钱买一种积极向上的生活方式。我们应大力推动体育在培养消费群体、引导消费观念上的独特作用,使越来越多的人喜欢体育、关注体育、参与体育。这不仅能带动体育消费的浪潮,也能提倡一种良好的生活方式。体育消费者的增加、体育消费观念的形成对推动我国社会的经济发展起到积极的作用。

3. 树立公平竞争理念

社会的经济市场是有序的、公平竞争的、充满活力的市场。它不但要求资源优化配置,而且要求人们树立公平竞争的理念。

现代体育的蓬勃发展是诸多因素共同作用的结果,其中,公平竞争理念有着不可替代的作用。如果没有公平竞争理念,体育比赛的顺利进行、体育比赛结果的可信程度都会受到质疑,体育比赛结果的悬念性、比赛过程的精彩性等也都会受到影响,最终导致观众的减少,运动项目发展举步维艰。

体育赛事能增强民众的公平竞争意识。体育的公平竞争是在运动员、教练员、裁判员以及观众的共同维护下才得以实现的,是以比赛双方的实力为基础的。比赛的时间、人数、场地、参赛队员条件、器材和服装等对比赛双方都是对等的,都遵守机会均等的原则。比赛结果有输有赢,这种竞争性促使人们去努力追赶、超越,使队员间团结合作。场上的公平比赛对场下观众的公平竞争理念的形成将起到潜移默化的作用。随着关注体育、热爱体育、参与体育的人数的增多,公平竞争理念也会影响越来越多的人。这些人在经济生活中也会自觉遵守公平竞争的理念,这对我国社会主义市场经济的良性运转起着良好的促进作用。

4. 增强民族凝聚力和竞争意识

凝聚力和竞争意识是参与民族间竞争所必须具备的条件,体育在增强民族凝聚力和提升民族成员的竞争意识方面有自己独特的作用。随着我国体育事业的蓬勃发展,参与体育事业、关心体育事业发展的人越来越多。大家齐声为我国运动健儿在世界赛场上的精彩表现而欢呼、喝彩,同时为自己是中国人而自豪。中国女排、中国体操队、中国跳水队、中国射击队等为我国赢得了无数的荣誉,同时也赢得了无数中华儿女的心,使我们的心紧紧联在一起。这种凝聚力一定能在我国的社会主义的建设中发挥巨大的作用。体育在培养人的竞争意识上具有独到的优势。不论是运动员还是观众,人们参与体育比赛所渴望的是同一结果,那就是在比赛中取胜。要想取得胜利必须建立在实力和尊重对手、尊重裁判、尊重规则的基础上,同时具有强烈的竞争意识。这种竞争意识不但影响运动员,使他们刻苦训练、努力拼搏,而且也深深地感染观众,使他们在社会生活中积极向上、勇于进取、自强不息。随着体育精神的不断深入,我们民族的竞争意识也会逐步增强。

5. 扬国威,促外交

体育可以影响国家的声望和威信,当我们从电视里看到我国女排"五连冠",北京奥运会我国运动健儿勇夺51块金牌100枚奖牌时,我们是多么的激动和自豪。看着运动员站在领奖台,听着中华人民共和国国歌,我们的心也随五星红旗飘扬。

现代体育比赛不仅仅是运动员个人的事,而且是国家间综合实力的竞争。运动员在场上比的技术、战术、心理素质,能够反映出所代表国家的经济、政治、管理等各方面的实力。奥运会、亚运会等大型国际竞赛,对世界的影响是深远的,奖牌的多少、比赛的胜负直接关系到国家的荣誉和民族的威望。因此,各国政府都大力支持国际竞赛,来提高自己国家的国际影响力。发展体育事业,不但能够提高国家的声望,而且也能为增进与世界各国间的友谊构建桥梁。

我国运动员参与国际比赛,不论是场上还是场下,通过与世界各国运动员的交往,展现了我国人民的风采。优秀运动员在比赛场上的精湛表现和卓越的运动技艺,提升了我国的威望。体育可以作为一种外交手段,可以达到其他外交途径所不能达到的效果。

二、民族传统体育与现代体育的交汇

现代竞技体育文化中孕育着内在的和谐,这种和谐体现在四个方面:人自身的和谐、人与自然的和谐、人与人的和谐、国际社会关系的和谐。在崇高的竞技体育精神的指引下,人们以各种方式呼唤现代竞技体育"和谐家园"的回归和"绿色体育"的蓬勃兴起,以期在竞技运动中实现体育全面的教育功能。中国传统体育文化对西方体育精神的完善和补充,有助于现代竞技体育和谐内涵的真正实现。

(一)"绿色体育""绿色奥运"蓬勃兴起

"绿色奥运"即促进以奥运会为代表的竞技体育文化与生态环境的相互协调、相互关怀、共生共容、共同发展,其时代主题是和谐与发展。绿色体育行动是在竞技体育运动中合理利用自然资源,不但促进竞技体育的和谐发展,而且在此基础上建构"自然——人——社会"之间的和谐关系,确立竞技体育在促进人与环境的和谐发展中的重要作用。国际奥委会对申办城市的环境要求越来越严格,各届奥运会也越来越突出生态环境的主题和特色。北京奥运会顺应时代发展的需要,在"绿色奥运"的旗帜下,在全国人民的共同努力下实现了人与自然的和谐相处。

(二)体育运动与教育紧密结合

教育体现了现代竞技体育的本质功能。在激动人心的体育运动中实现广泛意义上的体育精神和体育文化的教育,使现代竞技体育的和谐理念深入人心,从广大青少年的意识层面入手,实现竞技体育全方位的和谐。首先,现代竞技体育将身体教育与精神教育有机统一起来,这是竞技体育教育的鲜明特征。奥林匹克运动是现代社会中人们进行身体教育和精神教育的重要方式,奥林匹克教育也足以成为现代竞技体育的楷模,奥林匹克教育理念的精髓在于它不仅使青少年得到发达的肌肉、匀称的肢体和机敏的头脑,而且着眼于让他们拥有健全的心理素质和良好的社会公德,成为全面发展的人。围绕着这一点,奥林匹克运动借助广泛的传播手段和其特有的活动方式,不仅促进人们增强体质,还能发展人的意志力、想象力、创造力等各种精神力量,使人身心协调发展。现代竞技体育以友谊、团结、公平、民主、和平等精神组织体育活动,教育青年。现代竞技体育所贯注的这些原则,通过教育将泛化为社会和谐发展的精神准则,以实现一个美好、和平的世界为终极目标。

(三)中国传统体育文化在国际社会的弘扬

竞技体育的母体是西方文化。以利益原则为导向、以个人价值为基准、以商品经济为主体的西方文化有其无法割舍的功利性本质特征。古希腊的奥林匹克运动会狂热地执着于竞技比赛的胜利。

中国传统体育思想着重于修身养性、强身健体,传统竞技体育项目,如龙舟赛、武术、马球、蹴鞠等,激烈争斗的背后实际是在营造一种欢乐祥和的气氛,促进人与人之间的交流与和谐。

生生不息、进取不已则是中西竞技体育文化的契合点。我们应把握这一契合点,弘扬中国传统体育文化,弥补西方竞技体育文化的不足,将中华传统体育文化的精髓浸润在现代竞技体育的原则与理想之中。中华传统文明中所蕴含的伦理道德对于当今竞技体育中不和谐的因素有天然的整合作用,它与奥林匹克运动可以形成良好的互补,汇合为一种必然的发展趋势,在其最高理想中实现人的身体与心灵的和谐、人与自然的和谐、人与人的和谐、国际社会关系的和谐。

第四节　民族传统体育的未来发展

一、民族传统体育的规范化建设与创新

民族传统体育各种制度的建立和政策的落实是其规范化的具体体现。党和政府"民族平等、民族团结、共同进步、共同繁荣"的民族政策和"积极提倡,加强领导,改革提高,稳步发展"的民族体育方针是传统体育规范化建设和发展的保障。民族传统体育的规范化建设与创新应更新观念、解放思想,科学确定传统体育发展战略,重视理论建设和科学研究,加强运动项目的规范化,建立民族传统体育运动项目训练以及推广基地,在这个过程中要处理好继承与借鉴的关系。民族传统体育将会朝着科学化、规范化的方向得到进一步的发展,并将在开拓、外向、多元化的道路上不断创新,为世界体育文化宝库做出应有的贡献,向世界展示中华民族传统体育的精神和气派。

(一)适应时代的精神与要求,规范运动方法与形式

当今世界诸多的现代体育项目大多是来源于世界各民族的传统体育活动,然而纵观现代体坛却很少有项目是由我国民族体育演化而来的。其原因是多方面的,但其中一个重要的原因就是我们对我国各民族体育的挖掘整理不够,使得许多项目仍然处于不规范的状态,只是在我国一些特定的民族区域里自发地流传,不能进一步普及和推广。要使我国民族传统体育规范化,就要对我国丰富的民族传统体育进行挖掘和整理,去伪存真,去粗取精,对其中的许多优秀成分进行提炼、整理、改进,使之向规范化方向发展,以符合时代的精神与要求。尤其是对那些竞技性较强的项目,更要对其运动技术、方法、竞赛的形式和标准进行规范,使其符合当今体育的发展规律和特点,为进一步的推广和普及打下坚实的基础。

摔跤是传统体育项目之一,在草原上具有广泛的群众基础,是体现人民性格刚烈、顽强拼搏精神、吃苦耐劳和坚韧不拔等优秀品质的较为典型的代表性体育项目。为了把这个民族传统项目推向全国,有关部门对竞赛规则进行了多次修改与实验,现在已正式确定了摔跤

的比赛规则,并先后在呼和浩特等地举办过五次全国摔跤邀请赛。呼和浩特举行的首届国际大型"那达慕"大会,使摔跤这一民族传统体育项目得以被世界所关注。再如毽球运动的发展,也经历了一个由不规范到逐步规范进而成为亚运会比赛项目的发展道路。国家体委综合了中国古代的蹴鞠、踢毽和现代的足球、排球和羽毛球运动的特点,推出了毽球项目,成功贯彻古为今用原则,这成为把民族体育开发成对抗性较强的竞技运动的又一成功范例。

(二)民族传统体育的现代化、规范化建设

1.民族传统体育现代化发展的模式与方法

在世界现代体育一体化趋势明显加速的今天,现代体育对各民族传统体育的冲击已是一个不争的事实。以产生于农业社会的传统体育去抵制现代体育也是不科学和不现实的。然而,传统是民族的"根",是"活"在人们现实中、头脑中的东西,是根植于民族深处的东西,是一个民族进行新的文化创造的根基。我们既然不能抵制现代体育,又不能完全丢掉传统体育。那么,只能促使民族传统体育实现与时代相适应的现代化转型,在吸收自身精华和借鉴现代体育优秀成果的基础上进行新一轮的整合创新,使之既不断地得到更新与发展,又不失传统的民族特色,跟上时代发展的步伐,发展成现代体育文化的重要内容。

(1)立足现实,以"我"为主

民族传统体育是指在我国历史上形成并得以延续至今,在当下仍然"活着"的具有鲜明的民族特色的体育活动。它不是指过去发生过、曾经有过的活动,更不包括已经消失了的"过去"。因此,我们今天要发展的传统体育不是古代文章典籍所记载的东西,而是今天仍然"活在"人们生活之中的传统体育活动,是舞龙、舞狮、武术、跳鼓、跳竹竿、摔跤、踢毽子等人们仍在开展的活动,而不是像投壶、蹴鞠等已经消亡的活动。立足现实,就是要以今天人们仍在实践着的传统体育活动作为起点,而不是回到遥不可及的"过去",走向复古主义的泥坑。以"我"为主,就是要紧紧依靠中国的全体公民来完成推进民族传统体育现代化建设的任务。

(2)吸收传统体育精华,借鉴现代体育成果

民族传统体育作为特定社会背景下农业文明的产物,必然精华与糟粕并存。我们所说的要在传统基础之上进行创新,是指对精华部分进行合理的吸收,使之成为新型体育文化的积极因素,成为体现民族体育文化的根,而一些落后、不符合现代体育科学原理,甚至与社会主义现代文明相悖的东西,则应坚决摒弃。

现代体育发展至今,深受商业化、职业化等问题的挑战,这与奥林匹克主义所谋求的把体育运动与文化和教育融合起来,创造一种在努力中求欢乐,发挥良好榜样作用并尊重基本公德原则的生活方式的思想内涵已有相当距离。但是,现代体育所体现的以奋发与竞争为核心的精神价值及其组织制度都是民族传统体育所缺乏的。因此,民族传统体育的现代化应在保持民族特色的基础上,积极借鉴现代体育的优秀成果,在技术方法层面运用现代体育科学理论与方法进行理性判断与创造;在制度层面借鉴现代体育成功的组织制度迅速发展壮大自己;而在价值层面借鉴现代体育奋发与竞争的精神价值将是民族传统体育实现现代

化转型的核心与关键。

(3)面向世界,面向未来

由于社会生产力水平低下和自然条件的隔绝,早期的民族传统体育在各自封闭的条件下独立成长。如今,随着生产力的发展,交通、通信条件的改善,特别是全球信息互联网络的发展,使全球联结成一个紧密联系、彼此依存和相互联动的整体。保护民族传统体育,并不是像对待古代文物那样把它与周围世界隔绝开来,而是要让它在与现代体育的不断碰撞中得到锤炼与发展。

既然以西方体育为主导的现代体育并不是世界体育发展的理想模式,那么,面向未来就成为民族传统体育现代化发展的价值取向。面向未来就是要以民族传统体育的现在为基点,对自身精华和现代体育优秀成果进行创造性的吸收与借鉴,特别是要立足于时代,对两者的不足进行自觉的反思与批判,把握前进的方向,着眼于未来的发展,将现在和过去已经取得的成果,作为进一步发展的根基,构建一种超越现代体育的新型体育文化体系。

2.民族传统体育规范化建设的主要途径

(1)加强民间游戏的规范化

按照现代体育运动的一般规律,对那些活动方式有着较大的随意性、缺乏有机联系与规则而稳定性较差的民间游戏进行整理、提炼,完善其规则,使其从民风、民俗或生产活动中逐步分离出来,走上系统、稳定、独立的发展创新道路。

(2)从民族地区实际出发,实事求是

要不断进行教材改革,对学校规定的体育大纲中目前尚无条件实施的教材进行调整,以本地最常见的民族传统体育为补充教材内容,同时不断开展民族传统体育比赛和文化交流活动,使民族体育的发展后继有人。

(3)加强师资队伍建设,扩大影响宣传力度

各民族传统聚居的当地体育院校应开设民族体育专业课程,包括理论和实践。加强体育师资建设时,一方面应着重"开源",即通过多种渠道培养师资队伍;另一方面要"节流",即采取有效措施稳定师资队伍,防止流失。

二、民族传统体育的发展趋势

(一)民族传统体育作为现代体育的补充与现代体育有机结合

现代体育是以西医学为理论基础,它是建立在科学实验、解剖学、生理学、现代医学、生物学等基础上,追求的是身体外形的锻炼,强调的是"更快、更高、更强"的竞技原则,它最终以物理量的变化为表现形式,是以身体形态发展和生理功能的提高为标志的竞技运动,这实质上是以西方体育文化为主体的全球化趋势,但这种格局难以实现人类对生命本质追求的目标。而民族传统体育追求的是身体内在的修炼,强调调身、调心的健康境界。如以武术为主的中国传统体育就具有强身健体、防病疗疾、陶冶情操和延缓衰老的独特作用。可以说现代体育着重于"标",而传统体育则注重于"本"。随着社会的进步、文明程度的提高和全球文

化的交流与融合,民族传统体育最终将与现代体育相结合,走中西结合的道路是民族传统体育发展趋势的必然选择。

民族传统体育内容丰富,项目繁多,健身效果显著,深受广大群众的喜爱。它具有广泛的群众基础和广阔的发展空间,不受年龄、性别、气候、时间、场地的限制,简便易行,经济实惠。随着社会的发展和民众生活水平的提高,人们体育活动的意识和对体育活动的需求不断增强,尤其是随着"全民健身计划"在我国的实施,民族传统体育无论是在城市的街道或社区,农村的乡镇或院落,还是在工厂或学校,到处都可看到她的"身影"。由此可见,民族传统体育在全民健身活动中将进一步普及,活力将进一步增强,传播范围将进一步扩大,成为人们人际交往的纽带与桥梁。民族意识的精神情绪和价值认同是民族传统文化形成之根本,正是具有这种价值认同,才将不同民族、不同经济利益和不同社会地位的人们聚集在一起,形成健身群体,并不断地传承下去。

(二)民族传统体育进入各级各类学校,丰富和拓展学校体育教学内容

民族传统体育与西方竞技体育相比具有较大的优越性,它不仅追求人体技能的提高,而且可以让人在心理上得到愉悦的体验,使人在活动中更自由,心情更舒畅。它在形式和内容上随意性强,运动量可大可小,可根据自身的情况加以改造,以适应不同个体的素质和能力。这样人们就摆脱了技术的制约,容易形成运动习惯,对终身进行健身活动提供很大的帮助。因此,民族传统体育进入学校是可行的,也是必然的。

学校是传播体育文化的摇篮,是原始体育形态走向规范化、科学化、普及化的必由之路。民族传统体育进入各级各类学校,将极大地丰富学校体育教学内容。它不仅是对学校体育的补充和发展,而且对提高学生的锻炼兴趣,培养学生的终身体育意识和树立"健康第一"的指导思想具有重要而深远的意义。民族传统体育所具有的教育、健身、养生、娱乐等本质功能和衍生的非本质功能,对学生的个性发展、身心健康和人文素质的提高将起到积极的促进作用。

(三)民族传统体育将向着生态体育旅游和产业化的道路发展

我国有56个民族,各民族都具有独特而浓郁的民族地方特色,民俗、风情异彩纷呈;民族传统体育项目更是内容丰富,多姿多彩。如独具民族特色的赛马、射弩、赛骆驼、秋千、跳竹竿、跳板、抛绣球、抢花炮、摔跤、高脚马、霸王鞭等参与性和观赏性的项目都将是体育旅游资源开发的重点,它较之现代竞技体育具有突出的娱乐性、表演性和观赏性。随着人们生活水平的提高和余暇时间的增多,假日经济消费将成为人们生活中不可缺少的一部分,人们更加乐于参与并投身于具有"新、奇、乐"的民族传统体育项目中去,继而带动相关产业的发展,促进区域性整体经济的繁荣发展。

(四)民族传统体育技术和理论体系的科学化发展趋势

科学化和规范化是中华民族传统体育的最终发展方向。民族传统体育文化随着社会的发展,经过继承和扬弃,融入我国现代体育文化之中,作为建设有中国特色的传统体育的基础和条件,是历史发展的必然趋势,同时也是历史发展的客观需要。我国的民族传统体育只

有逐步实现科学化,才能冲出国门,走向世界,实现国际化。有许多民族传统体育是近年来通过发掘整理后才推向公众的,如丢荷包、打磨秋、抢鸭子、摆手舞、打飞棒、猎棍操等,这些传统项目都急需进一步总结和提炼,用现代科学方法加以改造,使其既符合人体生理和心理学发展规律又不失原始古朴的民族风味,并以现代体育和艺术相结合的形式推向社会,使之发展壮大和成熟。

第五节　民族传统体育文化的继承和融合

一、民族传统体育文化的传承机制

我国的民族传统体育是我国各民族世代相传,以发展身体、增进健康、提高身体机能为目的的人类社会活动。我国的民族传统体育文化则是我国各民族世代相传、具有一定体育内涵与外延的人类社会活动的总称。我国各族人民在长期的生产和生活实践中积累起来的传统体育文化是中国传统文化的重要组成部分,其形式丰富多彩,内容博大精深,涉及养生、健身、竞技、搏击、休闲、娱乐等方面,是我国重要的、宝贵的文化遗产。

我国民族传统体育文化从类型上可分为主动型和被动型两大体系。所谓主动型,即参与者主动参加到身体运动或健身活动中来,亲自体验身体运动或各种健身活动的过程,获得通过自己主动参与后的健身成果;所谓被动型,是通过外部因素,如药物、膳食、按摩、推拿、针灸等作用于身体,达到强身健体、祛病延年的作用。主动型的传统体育文化根据其运动形态又分为三个基本类型:一是运动类;二是舒缓运动类;三是静功养生类。这三个类型的传统体育文化在长期的历史洪流中其传承均不尽相同,特别是新中国成立以来,不同类型的传统体育文化所遭遇的也不尽相同。虽然有很多内容得到了很好的传承,但也有很多内容失传,还有很多内容面临失传。究其原因,除了在各个历史时期各民族之间的文化交流与碰撞,以及随着时代的进步一些落后的、失去活力的项目被自然淘汰外,主要是人们对于传统体育文化的认识和传承的机制存在问题,这些问题严重地制约了我国民族传统体育文化的发展,特别是使我国民族传统体育文化走进学校、走到竞技场、走向世界的目标因此而变得不确定。如不科学地解决这些问题,势必会影响我国民族传统体育文化的健康发展。

"修身""治国"的责任是我国民族传统体育文化不断丰富的直接动因。我国民族传统体育文化是以汉民族传统体育文化为主体,其他各民族传统体育文化为补充的完整的统一体。其特征具有:同根性,即以中华民族传统文化为母体文化,并在其滋养与孕育下产生和发展;地域性,即因地域不同而形成了不同风格的体育文化,如南方的水上运动、北方的冰上运动等;包容性,表现在两个方面,其一是能够吸收兼容其他民族体育文化中的优点和长处,同时不排斥外来文化的补充和完善,其二是文艺与体育融为一体,许多项目融竞技、表演、音乐为一体,并从中体现出浓郁的民族特色和审美情趣;变异性,即传统体育文化的文化内涵及运动形态能产生变异,其变异又具有两种形式,一是同一民族的同一传统体育文化因历史时间的不同而发生变异,二是同一传统体育文化在不同的民族中发生变异。这些特征不仅在汉民族传统体育文化中存在,在各民族的传统体育文化中也同样存在。

数千年以来,我国民族传统体育文化作为中国文化中最活跃的部分受到了各个历史时期的知识分子、帝王将相、黎民百姓的共同重视。"修身"既然能与"治国"并论,必然会受到统治者的支持。对"修身"方法的研究就很自然地成了全社会尤其是知识分子的义务与责任。因此,在我国历史上,只要不是动荡不定的战争年代,就会有许多新的"修身"理论和方法被不断地推出。这些理论和方法都深刻地反映出当时知识分子的审美情趣、人生追求、文化素养等基本要素。因此说我国民族传统体育文化的形态和方式从一个侧面体现了中国文化的真正内涵和外延。

目前,我国民族传统体育文化正处于传承与发展的新时期,其突出的现实问题主要是内容递减和传承断裂。如果我们还不引起重视,我国民族传统体育文化将会有越来越多的项目逐步退出历史舞台,而成为历史的记忆。这无论是从文化上,还是经济和政治上都将是一种不可挽回的损失。因此,我们必须加强对我国民族传统体育文化的传承内容与机制的研究,使我国民族传统体育文化能够健康地延续和发展。

我国民族传统体育文化的传承包含了"传"和"承"两个不同的方面,传是在充分研究的基础上,全面理解和掌握所传内容和知识的前提下进行的;"承"则是在充分认识"传"的内容和知识的价值的基础上而进行的。所以"传"是以研究为前提,"承"是以价值为依据的。"研究前提"要建立在中国传统文化的历史流变之中,从"变"中去把握研究的内容与方向。如对于不同的历史时期失传的以及目前还无法弄清其基本原理的体育文化,要尽可能根据其产生的历史文化背景及失传时期的历史文化背景复原运动形态,弄清其基本原理;对于在不同历史时期产生而现在又濒临失传的体育文化,要尽可能根据不同的历史时期、不同的历史文化背景,具体地研究这类体育文化,尽量做到使其神形兼备、完整无缺;对于有完整记载和正在开展的、形态各异的体育文化,要根据现代竞技体育运动的文化标准,尽量提高其竞技性、艺术性水平;"价值依据"是以社会因素为背景的,过去的"承"因"艺"而动,学"艺"是为了生存,现在的"承"也应考虑社会因素。只有完善了"传"的内容,拓宽了"承"的空间,才能解决发展的问题,才能使我国的民族传统体育文化走进学校,走到竞技场,走向世界。

通过对我国民族传统体育文化传统传承机制的调查与分析可以发现,我国民族传统体育文化的传承方式因为其运动形式、技术技能的繁简、所处的区域及场所的不同有很大的区别。但总体上有如下几种:一是家族血缘性传承;二是收徒拜师性传承;三是地域民俗性传承。我国民族传统体育文化是我国民族传统体育文化的重要补充部分,它的传承除了适用以上一些普通的传承方式外,还有一些符合自身特点的特殊之处。随着社会的发展,我国各民族不论是物质文明还是精神文明的水平和程度都得到了前所未有的提高,各民族传统体育文化赖以滋生和传承的外部因素发生了根本性的逆转。

我国民族传统体育运动能够得以传承的唯一途径,也是最主要的途径,是每四年举办一次的全国民族传统体育运动会,以及以此为主体每四年举行的各省、自治区、直辖市民族传统体育运动会。各省、自治区、直辖市为了筹备参加全国民运会,一般都很注重设点集训国家规定的几项传统体育运动竞赛项目和能够反映本地特点的民族传统体育运动表演项目。但是,这种传承有很大的被动性,它是为了参加全国民运会在小范围内而准备的,因此也就没有广泛的群众基础,所以提高和发展也是有限的。

那么,如何重新建构我国民族传统体育文化传承机制呢?在新的历史时期,传承我国民族传统体育文化可以从以下几方面进行:一是加大对于我国民族传统体育文化的研究力度,把一些好的、有价值的传统体育文化及其研究成果以文字和音像资料的形式完整保存起来;二是加大学校对于民族传统体育文化的教育力度,把一些优秀的传统体育文化引入学校教育体系之中,加强对学生进行民族传统体育文化的教育,特别是对于民族地区,更是要把一些本民族的优秀传统体育文化作为学校教育的重要内容引入学校教育之中,使我国的民族传统体育文化能够更加完整、有序地得到传承;三是配合旅游业的发展,重点建设一批有价值的民俗文化村,把一些优秀的民族传统体育文化永久地保存在文化村中,使之成为活动着的文物;四是在企业、村镇及民间建立一些业余的民俗体育文化表演团队,在一些民俗节庆活动中开展活动,以宣传企业和弘扬民族传统体育文化;五是在专业体育院校中设置中国民族传统体育文化专业,通过专业教育传承来提高我国民族传统体育文化的水平;六是建立全国性的民族传统体育运动竞赛制度,并以此促进民族传统体育文化的研究与提高。通过这些途径,尽可能地使我国民族传统体育文化的传承能够建立一个稳定的、长效的机制。

我国民族传统体育文化传承的内容按传承的具体情况可分为:一是现在仍在传承的内容部分,二是一些失传了的内容部分,三是一些快要失传的内容部分。我国民族传统体育文化属于整个中国文化中的亚文化,它的形成、发展与传承要受到中国主体文化和历史背景的规范和制约。

二、民族传统文化的民族性与世界性融合

从体育人类学来说,民族的就是世界的,任何国家的体育文化都是世界文化遗产的一部分。随着体育在中国的日益普及以及西方近代体育的不断进入,西方的体育逐渐被人们了解、接受,但在中西文化的冲突中,中华民族传统体育也将得到更好的诠释,中华民族体育也将在痛苦中探索、反思、改进后走向新生的过程。我们希望世界各民族要互相交流、相互学习沟通,共同推动体育艺术向更高层次发展,不断融合各种不同的风格、内容、形式多样化的民族体育,只有这样才能发展和完善整体意义上的世界体育,这也是中西方体育文化相互交流并最终融合的必然趋势。中华民族传统体育的发展和创新,是将西方体育同中华民族传统体育相结合,保持鲜明的民族文化和浓厚的民族风格。我们强调中华民族传统体育是世界文化的一部分,是世界体育中的一支,应该在世界体育中占有一席之地。在世界范围内,人们可以用自己熟悉的体育语言感受中国的传统体育文化,了解中国体育文化的时代变迁和中国传统文化精神与世界体育文化之间的相互关系,通过学习中华民族传统体育,切身感受中华民族传统体育文化的魅力,这种方式对学习中华民族传统体育文化更有利、更直接、

更具体。

从整个世界的发展来看,"和平、发展"已成为全世界的主题,各国之间的经济、文化交流日益频繁,世界的经济、知识都在走向一体化。而知识、文化、艺术的交流、沟通也呼唤着世界体育的一体化。中国体育是世界体育不可缺少的一部分,它的发展对于整个世界有着举足轻重的作用,因而中华民族传统体育也必将成为世界体育之林的重要组成部分。体育的一体化,引导着中华民族传统体育逐步走向世界,吸取精华、去除糟粕,创造出既是中华民族自己的又是世界性的民族体育,从而与西方体育相互融合,共同汇入世界体育的长河之中。中国现在有许多人在国际比赛中获奖,作为体育家,介绍和推广中华民族传统体育义不容辞,要在国际上推广中华民族传统体育,就要多介绍中国的民族传统体育文化和民族背景,以及中国的风土人情,了解中华民族传统体育如何在体育民族化的探索及保持民族风格的原则中实现中国风格的体育化。中华民族传统体育的充分发展,必须在与世界体育极度融合之后,才能达到它应有的高度。

随着全球文化时代的到来,虽说解除了各民族之间的隔阂,但是却难以改变不同民族独特的文化心理结构,而人们恰恰又是凭借本民族的文化心理结构去接受异质的文化信息。如今,人类社会已步入全球一体化时代,由于各国各民族各地区各个领域存在着不同的文化,所以,我们应用包容的态度去理解、学习各种外来体育,求同存异。我们应学习体育人类学,确立全球多元文化价值观,珍视人类文化遗产,尊重世界各国各民族的体育文化,不断深入研究他国的民族传统体育,丰富世界体育文化宝库,同时,也需要不断学习、发展本国的民族传统体育,努力保存具有中国特点的民族体育,使其成为世界体育发展史册上不可缺少的重要篇章,为人类体育发展做出贡献。

第六节　民族传统体育文化的承传和保护

一、走进校园的活态传承

民俗民间体育是民族传统文化不可或缺的重要组成部分,它以多姿多彩的形式和风格在当今社会显示出独特的文化价值和历史意义,是一种活态文化象征的社会资源。

为什么民俗民间体育能够走进校园呢?

(一)民俗民间体育的教育价值为其走进校园提供了可能

民俗民间体育是各民族在长期社会实践中所创造积累并发展起来的,以儒家、道家、佛家文化为核心文化,蕴载着我国悠久的历史,并反映民间的生活习俗、文化特点和道德风尚的一种特殊文化形态,是中华民族灿烂文化的重要组成部分,是民间文化、经济、生活的一种表现形式,具有世代传承性,并具有规范性和凝聚力,有规范社会道德、公众行为的价值和教育意义,并能增进民族团结和凝聚力,启发人们向着真善美的方向发展。学校体育担负着在现代化进程中培养现代化人的重任,其主要目标是培养人的个性,实现人的全面发展。民俗民间体育走进校园不仅是动作技能和身体素质、意志力等方面的教育和锻炼,也是一种民族传统文化的学习和教育,更是一种热爱生活的教育,培养积极进取和勇于竞争精神的教育,并有利于青少年形成良好的道德品质和心理素质。

(二)民俗民间体育的健身娱乐价值为其走进校园提供了保障

"健康第一"是现代学校体育教育的根本指导思想,也是民俗民间体育走进校园的基本点。众多民俗民间体育都具有健身娱乐价值,他们往往是几种体育项目综合体,具有锻炼身体、锻炼智力、健美身体,并能给人以休息娱乐和充满活力的美的享受,人们在得到精神愉悦的同时,还受到了美的教育。在强身健体方面,民俗民间体育根植于中华文化沃土,为中国人特殊体能、技能的物化表现形式,提供了适合于本民族人群的健身需要;在娱乐身心方面,民俗民间体育起源于军事、生活劳动、娱乐等过程,人们逐渐从具体的实际生活中提炼,并不断加工形成一种相对固定的形式,以满足娱乐需要,来调节人的生理和心理,宣泄情感。这种强烈的娱乐健身的价值可让新一代的青年学生强健体魄,有效的调节学生的精神状态,缓解学习压力。

(三)民俗民间体育的文化性是其走进校园的精髓所在

学校作为社会的重要组成部分,不能脱离民族的、时代的文化背景而存在,与其他各种社会亚文化形态一样,校园文化也是社会大文化的一定程度上的缩影,它包括物质文化和精神文化。民俗民间体育具有浓郁的地方特色,富有感召力、吸引力和传承性,学生在学习过程中会潜移默化地接受民族文化的熏陶,萌发积极的民族团结意识,学生在学习民俗民间体育过程中,可以透过具体的文化现象,进一步掌握各民族文化的内涵,促进民族文化的交流与传播,学生通过对文化价值的摄取,获得人生意蕴的全面体验,进而陶冶自己的人格和灵魂。人影响着环境,环境又影响着人,学生生活中受到民族传统文化的熏陶和感染,这毕竟对校园文化建设发挥着不可忽视的功能。

学校是体育的摇篮,是民俗民间体育形态走向规范化、科学化、普及化的必由之路。民俗民间体育走进校园是活态传承行之有效的选择,而要使民俗民间体育通过学校体育教育这一"活态传承方式",就必须坚持专业立场和学术视角并结合实践进行理性思考,对民俗民间体育从物质层面和非物质层面进行科学的开发,以期使其活态承传。

1.民俗民间体育走进校园物质层面的活态传承

(1)加强师资队伍的建设

在体育课程资源中,体育教学活动的直接执行者是教师,体育教师是体育文化、体育技能的直接传播者,因此对教师进行最原真化的培训,让体育教师掌握了解民俗民间体育的技术原理及传统文化内涵才能将其传播给学生,才能扩大承传队伍,为民俗民间体育走进校园活态传承提供基石。

(2)建构民俗民间体育教材内容体系

大量收集、整理民俗民间体育资源,编写具有中华民族特色的"民俗民间体育"教材,构建民俗民间体育的教材内容体系。从适用性和实用性的角度选择性地设置具体的教学项目类别,提炼民俗民间体育的精华部分,确定合适的民俗民间体育教材内容的广度和深度。

(3) 加大对民俗民间体育器材、场地的资金投入

民俗民间体育项目对于器材有一定的依赖性,其场地有着随意性,但是器材的缺乏将直接制约着民俗民间体育的开展。因此,学校应该加大对民俗民间体育器材投入,多元化利用学校现有场地,保障民俗民间体育教学顺利进行。

2. 民俗民间体育走进校园的非物质层面的活态传承

(1) 突破学校体育课程设置西方模式的束缚

众所周知,我国学校体育课程长期是按照西方体育教学模式量身定制的,学校体育课程设置主要以西方的田径、体操、篮球、排球、足球等奥林匹克项目为主,而我国众多优秀的民俗民间体育项目没有走进校园,我国优秀的民俗民间体育项目被挡在了校门之外,因此,我们要摆脱西方竞技体育模式的束缚,认清民俗民间体育的多样性、民族性、实用性,以及民俗民间体育进入学校的重要性和必要性,要解放思想,突破传统的学校体育的观念,让一些民间民俗体育项目进校园,以充实学校体育的内容,走民间民俗体育与现代化体育相结合的道路。也是我们发展民俗传统体育的必要之路。

(2) 提高民俗民间体育文化自信心

中国的民俗民间体育作为中华民族传统文化的重要组成部分,有着悠久的历史印记和丰富的传统文化烙印,它深深扎根于中国民间的土壤,有着顽强的生命力,中国人对其有着浓浓的民族感和文化认同感。但西方现代体育的强势入侵,中国的民俗民间体育文化就逐渐淡出主流,国人对民俗民间体育文化的自信心减弱。因此,近年来国家比较重视民族传统文化的发展,在此文化多元化发展的空间下,民俗民间体育的发展有了很好的机遇。在此背景下我们要增强民俗民间体育文化的自信心,推动我国民俗民间体育向前发展,为民俗民间体育走进校园提高自信心和源动力。

(3) 健全政府机构,加强各有关部门的管理职能

政府部门要加大对传统民俗体育的扶持力度,各级体育行政主管部门应完善管理机制,加强对民俗体育的挖掘、整理,采取有效措施保障民俗民间体育稳步走进校园,使其成为民俗民间体育的活态传承。

在社会转型期,民俗民间体育生存与发展空间逐步被蚕食,但是对民俗民间体育的承传和保护力度在逐渐加大,而学校在民俗民间体育活态传承和发展扮演着重要的角色。学校体育应树立起多元化的文化形象,使更多的民俗民间体育走进校园,开拓新的传承路径,走向更科学化、系统化、规范化的发展之路,而实现民俗民间体育的活态传承。

二、民族传统体育的休闲创新发展策略

从古至今在中国文化的演进史中,休闲始终作为一种亚文化形态传承主流文化,充当主流文化进入人们精神世界的途径,从而铸就一个民族的核心价值观。休闲历来是人类文化中的重要组成部分,是民生国计中必须关注的领域。就目前休闲体育的发展状况来看,体育休闲传承的文化与中华民族传统的核心价值观存在差异。

体育的发展必须与社会的发展同步,满足不同时代的需要,才能实现自身的传承与发展。当前市场经济体制下衡量体育文化的标准主要是这种文化是否能够满足及在多大程度上满足人们的需要,这是市场经济对各行各业的要求。中国的传统文化与市场经济存在较大的制度和文化鸿沟,只能在渐进的制度改革中逐步完善市场制度,使人们的意识、文化在这个渐进的过程中逐渐与市场经济相适应。休闲时代的来临,民族传统体育文化理念的转换对体育文化有了新的需求,同时也为民族传统体育文化的发展提供了新的契机,那么,如何创新发展民族传统体育文化呢?

(一)把民族传统体育文化纳入体育产业发展的轨道

我国民族文化历史雄厚,民族体育文化博大精深,有许多有价值的内容等待开发,在当前国际形势下,抓住发展体育文化产业的经济点,利用现代化手段,打造民族传统体育文化精品,既满足人们的文化需要,又能刺激新的经济增长点,传承与发展民族传统体育文化,可谓是一举多得。

(二)重视民族传统体育传承与发展的社会分层

民族传统体育的民族性、地域性、时代性、文化内涵的多元性等决定了其传承与发展方式的不一,为民族传统体育的发展带来一定难度。据此,在民族传统体育的传承与发展中要考虑我国社会人口的复杂多样性,不同地域、年龄、性别会有不同的体育文化需求,民族传统体育的传承与发展要以人为本,考虑不同人群的体育需求的差异性,不能为了传承而传承,为了发展而发展,脱离了主体,反而会事与愿违。就地域性方面而言,原生态的民族传统体育在现代社会仍然离不开它世代沿袭的生存与发展的土壤,对于民族传统体育在农村的传承与发展,可以实现最大可能地保持它原貌;对于民族传统体育在城市的传承与发展,要更多地发展与创新,根据城市不同人群的身心发展特征及其需要,对民族传统体育项目进行简化,使之操作简便,增强其娱乐性、实用性,从而使大众易于接受。

(三)探索民族传统体育未来发展形态

形态指事物在一定条件下的存在形式和表现状态。民族传统体育形态是民族传统体育的形式和内容在社会实践基础上的具体的、历史的统一。就其外延而言,民族传统体育形态又可以表现为多样性和多层次性。就其内涵而言,民族传统体育文化内涵博大精深。民族传统体育的发展要符合社会实践的内在逻辑,游离于社会实践之外而奢谈民族传统体育的传承与发展是没有意义的。民族传统体育的现代化改造要以满足各类人群的需要为导向,创新与发展民族传统体育的不同形态,满足不同时代各类人群的需要。体育文化中的"多元"形态的并存并不排除在一定历史时期的主流和共同的体育文化精神的存在,但这往往要经过一段时间的激荡和融合、孕育和生长才能水到渠成。这一过程将是漫长而痛苦的。

三、民族传统体育文化的立法保护创新

鉴于民族传统体育文化保护中的立法不足,亟待相关机构在借鉴相关法律制度的基础上,加快其立法保护进程,制定具有强制性、专门性、可操作性的法律条款。

要立法保护民族传统体育文化,首先需要解决的便是权利的归属问题,即要明确民族传统体育的权利主体。实际情况中,大多数民族传统体育技艺和器械的创作主体并不是确定的。虽然最原始的创作者可能是个人,但是,在不断地历史传承和区域传播中,民族传统体育不断地受到后人的再创造,造成此项运动的个人主体特征逐渐淡化、消失,成为本民族或族群共有的文化财产,由此体现出来的是一个群体或区域的风格、智慧、情感或艺术造诣。在司法实践中正是由于民族传统体育缺乏个人主体特征,造成其产权归属难以确定,谁来主张、行使和维护其权利便成为立法的难题之一。由于民族传统体育文化特殊的非物质表现形式,在实施认定和保护范围上存在难以标准化和统一化的问题,造成无法有效地实施法律保护。由于民族传统体育文化及其表现形式是世代相传,不断加工、改造而得以传承至今的劳动成果,如健身技艺、制作工艺、民间传说和表演艺术等,其成果的原创性特征根本无从体现。因而,造成现代知识产权制度无法适用于民族传统体育文化的保护。民族传统体育文化历史悠久,经历了长期积累和传承而得以延续,远远超出保护期限的限制。因此,民族传统体育难以适应著作权保护的期限要求。但民族传统体育是在一代又一代的流传中对其不断地加工、补充和完善,可以说,每一个历史单元都是民族传统体育文化的创作时期,权利主体也永远不会消亡。若对民族传统体育也加上一个确定的保护期限,那针对"过期"的民族传统体育的保护就成了明确保护期限中的一个难点。

下面对民族传统体育文化保护的问题作出了一个大胆的立法创新的构想。

(一)民族传统体育文化保护的总体方针

为了继承和弘扬民族传统体育文化,有关部门应积极吸收、借鉴国外体育立法的成功经验,以完善我国民族传统体育立法体系。民族传统体育文化进行立法保护,应坚持"政府主导、社会参与,贯彻保护为主、抢救第一,合理利用、传承发扬"的方针。各级人民政府应当加强对民族民间传统体育文化立法保护工作的指导,将立法工作列为重要议事日程之一,同时,通过宣传、教育和培养,增进人们对民族传统体育文化的尊重,发动全社会的力量参与其保护工作,使任何机构和个人都具有保护民族民间传统体育的意识和责任。部分民间民族传统体育被非法使用甚至是破坏;对民族传统体育的保护不代表将其封闭、与世隔绝,而是要采用合理的传播方式为世人所认识和利用,通过鼓励、支持境内外个人和机构,展开民族传统体育文化保护工作的合作和交流,才能使其生生不息、走可持续发展的道路。

(二)民族传统体育文化保护的立法原则

第一,要体现主体权利的意志。捍卫文化多样性和体现主体权利的意志密不可分,必须重视不同社会群体对文化的合理需求和主张,特别是少数人群体的相关权利。因此,尊重民族传统体育文化主体权利的基本人权,是立法设计首先要考虑的问题。

第二,要平衡各方权益。民族传统体育文化的权利主体较为复杂,不仅涉及民族、社区、个体的利益,也涉及国家的利益、社会的利益;有使用者的利益,也有创造者的利益。使用方在对特定民族传统体育文化进行利用、获得经济效益的同时,应给予归属方(国家、民族、传承人)一定的经济补偿。然而,在利益关系和分配复杂性的情况下,各利益主体之间可能会产生不同程度的冲突和纠纷。因此,立法应统筹考虑各方利益主体之间的关系,明确谁来分配和监管利益以及分配的方式和标准等,最终使利益分配达到相对均衡的状态。

第三,要现实性与可持续性。我国知识产权法律制度,主要是致力于推动现代社会新技术和新作品的产生,从而促进知识创新和经济发展。就文化可持续发展目标而言,立法不应仅限于民族传统体育文化的现实发展,而是应该从当代人和后代人的利益综合考虑,立足于保持其文化的原生态性和多样性,对其予以承认、利用和保护,保证其可持续发展。

第四,要权利和责任相统一。权利和责任历来都是对等的。民族传统体育文化保护中关于权利和责任的统一,主要是针对权利主体的行为作出的规范性要求。在对民族传统体育文化进行立法保护时,不但要赋予权利主体相应的权利,而且要明确规定应尽的责任,构成违法行为的,必须承担相应的法律责任。

(三)民族传统体育文化保护的模式

当前大多数学者探讨民族传统体育文化的保护模式,主要在公法和私法的保护框架下进行研究,并且从互补和融合角度上,来解决民族传统体育文化保护模式难以选择的问题。从国际经验来看,世界知识产权组织和联合国教科文组织,在非物质文化遗产保护模式上各自有着不同的主张。因此,运用公法和私法保护民族传统体育文化是必要的,也是可行的。但是在具体的立法内容设计中,要将私法保护与公法保护的立法主张融为一体,其制度设计的科学性需要仔细斟酌,必须注意彼此间的衔接、兼容和适应,共同致力于民族传统体育文化的保护。民族传统体育文化立法模式应注意明确定位立法保护模式和建立知识产权特别保护模式。

鉴于民族传统体育文化的传承性、公有性和文化性,其立法主导思想首先应以挖掘、整理、保存和弘扬为主,政府在制定和实施法律条款方面应起到主导作用。其次,应是在对其进行合理利用的基础上,发展文化产业和形成经济效益。因此,民族传统体育文化立法模式的定位,应是公法模式为主兼顾私法模式,不仅要体现出权利主体在民族传统体育文化保护中的职责和义务,而且要指出权利主体的权利和责任,以及在违反相关规定时所要承担的相关法律责任。

(四)民族传统体育文化保护的客体性

出于对民族传统体育文化保护的全面性和紧迫性考虑,凡是目前仍在流传、具有民族特色和传承价值的民族传统体育文化均可作为立法保护的对象。为了便于民族传统体育文化的认定,民族传统体育文化必须符合以下三个标准特征,即传承性、民族性和体育性。通过世代传承,民族传统体育记录、反映和承载了一个民族的历史发展过程和文化特征,有着重要的传承价值;在现代社会,正是利用民族传统体育独具特点的文化特征和表现形式,才被开发作为商业表演、传统工艺品和文献资料版权使用,由此也产生了可观的经济效益;民族传统体育文化必须通过个人或群体的身体活动(走、跑、跳跃、投掷、攀登、爬越等)才能表现出来,是以健身强体为主要目的的身体活动技能及其表现形式,是区别于其他传统文化最显著的特征。传承性、民族性和体育性是民族传统体育文化的本质属性,诸如物质性、健身性和财产性等属性都是在此基础上的延伸,因此,只要符合上述三个特征就可属于立法保护的客体范围。国家保护民族民间传统文化的知识产权,保护期限不受限制。

第八章

民族传统体育的国际化传播与产业化发展研究

第一节 我国民族传统体育国际化传播的策略

一、我国民族传统体育国际化的概念

我国文化是中华民族血脉与精神的代表,支撑着我国经济的发展,在对中华民族的文明程度进行衡量时,要参考文化这一重要的指标。在中华民族传统文化中,最为典型的代表及优秀的文化便有民族传统体育文化,它是我国的宝贵财富,我们应该让全世界人民共同认识这一文化瑰宝。

从民族传统体育文化发展视角而言,中华民族传统文化必然要走世界化与国际化之路,但要注意在这一过程中不能破坏我国民族传统体育的内在结构体系,不能丧失独特的中华民族精神和文化内涵。如果要以丧失这些为代价,那么中华民族传统体育文化的国际化发展不仅毫无意义可言,而且对自身民族文化而言也是一个巨大的损失。

因此,我国民族传统体育文化的国际化交流与传播不仅要与世界的价值期待和心理需求相符,还要对其独特的精神文化内涵加以传承与保护。在国际化发展中推陈出新,加强与其他国家或民族体育文化的互通有无,从而真正发挥民族传统体育文化国际化发展的重要意义。

二、民族传统体育国际化传播的动力

(一)内部动力

内部动力是决定事物发展的根本动力因素。具体来说,主要表现在以下几个方面。

1. 竞技性

竞技性是体育文化的精粹与魅力所在,竞争取胜,超越自我,战胜对手,"更高、更快、更强"是体育精神的本质内核。体育的游戏性和娱乐性主要是通过体育运动中比赛双方的竞斗形式来体现的。为此,体育竞赛能成为全人类最易接受的"国际语言",能为不同的社会制度、意识形态、文化传统、地域环境的世界各族人们所理解、所接收、所关注。因而现代竞技体坛便成为世界各国人们比试体力、智力、国力的重要国际舞台,竞技体育发展水平也成为衡量国家强盛、民族健康的重要标志之一。

在我国,有些民族传统体育活动本身就具有较强的竞技价值,它们所表现的运动形式特征和所要求的体能素质等方面与世界的一些现代竞技体育项目极为相似,诸如射箭、赛马、摔跤等项目,只要稍加改革,加强指导培训,就可为国家的体育事业培养出一大批优秀的民族体育人才。

几十年来,各族人民为发展我国的体育事业不断奋斗,涌现出许多运动员和运动健将,由此可见,如果我们注重开发传统活动中的竞技功能,注重促使民族传统体育与现代竞技体育的交融与结合,注重发掘我国传统条件优势、自然环境优势与社会人文优势,将对中国体育事业的发展做出更为巨大的贡献。

2. 健身性

与源自西方的现代竞技体育运动相比,我国民族传统体育所具有的健身作用是非常巨大的。民族传统体育不光强调身体的发展,还侧重于心理的发展,这是非常重要的。通过呼吸和身体活动,达到身与心的统一。同时,许多民族传统体育项目是从民间体育游戏逐步改造、演变而来的,因此,大部分都能让人获得积极的情绪体验。参与者在参与过程中能愉悦身心,减轻压力,从而达到实现身心健康的目的。

人们通过民族传统体育运动锻炼身体时,个体的心肺功能得到有效的锻炼,还能进一步发展和提高身体素质。

中国传统文化中的养生、气功和导引等健身方法与健身理论已经走出国门,其显著的健身效果已得到了国外的关注与研究。强身健体、增强体质、益寿延年、抵抗疾病,这是群众参与民族传统体育的根本目的。因此,在练习方法上一定要讲究精、气、神三者之间的相互平衡,动、静结合,快、慢相兼,且要保持适当的运动量和运动强度。

3. 娱乐性

民族传统体育的娱乐动力包括自娱性和娱他性。运动者和观赏者都能够通过民族的传统体育活动来愉悦身心、调节情感、陶冶情操,获得运动中的欢愉之情和审美体验。在现代社会中,随着人类物质生活水平的提高、余暇时间的增加,体育运动逐步成为人们休闲娱乐的重要内容。民族传统体育活动不仅要有较强的竞技性,还应有较高的娱乐审美价值,才能被国内外人们普遍接受。只有我们注意提高我国民族体育中的娱乐审美价值和文化品位,这些活动才能获得人们的广泛认同和喜爱。

当前,民族传统体育已经深入人心,被大家所认可。在一些节日时,通常会举办盛大的庆祝仪式,举办多种多样的文体表演。这些体育活动与体育表演通常与生产劳动、喜庆丰收、庆祝佳节等有机结合起来,将民族文化艺术形式以舞蹈、音乐的形式表现出来,使民族传统体育展现出充分的娱乐作用。

如今,随着全民健身活动深入大街小巷以及人民生活水平的不断提高,那些具有极高娱乐作用的项目,例如踢毽子、秋千、赛龙舟、风筝、拔河、抢花炮、武术等已成为群众喜闻乐见的运动项目,也逐渐成为大众日常生活中较好的消遣手段,给个人、家庭和社会带来更多的欢乐。

生活中的娱乐性体育活动特点显著:第一,整个活动过程重在表现激情,而不强求体育动作的准确性或实用性。第二,娱乐性体育活动不含显著的功利性目的。在许多娱乐性体育活动中,人们追求的不是内心的祈求,也不是实际的胜利,更不是实际物品的获取,整个过程及活动目的都只是单纯娱乐。第三,娱乐性体育动作在模仿中富有诸多的创造性元素。许多群众在节庆、闲暇之时开展的体育活动,其目的是以娱乐为主。因此,他们在具体进行体育动作时,可以在基本的动作规范内任意发挥自己的想象,加入许多模仿性的动作形态,使传统的体育动作变得更加生动、随意,更富生活情趣。

(二)外部动力

外部动力是事物变化发展的助力,对内部动力起着补充作用,主要表现在以下几个方面。

1. 政策支持

国家鼓励对艺术品、文物、非物质文化遗产等文化资源进行数字化转化和开发。依托地方特色文化,创造具有鲜明区域特点和民族特色的数字创意内容产品。加强现代设计与传统工艺对接,促进融合创新。提高图书馆、美术馆、文化馆、体验馆数字化和智能化水平,加强智慧博物馆和智慧文化遗产地建设,创新交互体验应用。非物质文化遗产保护工作已经成为我国政府工作的重要内容。

整体传承是文化传承的要求,要在民族传统体育国际化传播过程中,对我国民族传统体育的所有内容和形式进行传承,并将其完整传播出去。我国民族传统体育以我国传统文化作为基础建立起来,融合了多种传统文化观念和文化思想,可将中国人的价值取向、审美情趣、人生观和世界观集中体现出来,一旦离开了民间的文化土壤,就会变成空中楼阁。因此,在民族传统体育传承过程中,必须要从国家层面对我国民族传统体育的整体传承予以重视。

2. 文化交融

民族传统体育是一门以民族传统体育为研究对象的人文科学,具有数千年历史的文化遗存,有深厚的人类文化积淀,具有独特、鲜明的文化个性特征。从中国体育史上贯穿始终的以武术为主体的武艺和以调节呼吸方法为主体的气功、引导等,到以游戏形式满足人们娱乐需要为主体的民间体育,乃至作为"活的社会化石"的传统体育都包含着民族传统文化的深厚意蕴,记载着人类社会历史发展的轨迹。

民族传统体育文化是我国各个民族世代相传,有一定体育内涵或外延的人类社会活动的总称,一些失传的,但是经挖掘和整理后重新恢复传承的体育项目,也包括在传统体育文化的范畴之内。

民族传统体育是民族历史文化的组成部分,是从民族文化共同体中分化独立出来的一种特殊的民族体育文化形式。民族传统体育作为人类文化的特殊积淀形式,除了具有人类社会文化一般的特征之外,还具有其独特的内涵与民族文化特质。

三、民族传统体育国际化传播的作用

现代社会中,各个行业虽然相对独立,但也或多或少存在这样或那样的联系,它们相互影响、相互交流,在不断借鉴与融合中共同进步与发展。稳定、合作、交流、发展是当前国际社会的发展主流,在民族传统体育文化方面加强国际交流与传播,意义非凡,具体表现在以下几方面。

(一)促进民族传统体育的发展

我国民族传统体育文化虽然有悠久的发展史和有序的传承模式,但大部分民族传统体育项目的竞赛组织、管理等不规范,而且缺少宣传与推广。这就需要通过国际传播与交流来对其他国家开展较好的、相近体育项目的成功经验加以学习和借鉴,尤其是要学习和借鉴这些项目在宣传推广及竞赛组织与管理等方面的经验。通过国际传播与交流能够使我国民族传统体育的发展更严谨规范,促进发展质量的进一步提高。

因为地域和文化环境的不同,我国民族传统体育与西方体育所处的文化体系截然不同,但在全球化背景下,不同民族的文化在良好的国际环境中相互交流、融合,共同发展,这在全球已经达成了共识。世界文化之所以丰富多彩,正是因为有不同国家和民族的文化主动加入世界文化之林,为它的繁荣发展增添了新鲜的血液和大量的营养。

我国民族传统体育文化蕴含着中华民族的思维方式、情感模式、行为习惯、审美体验等丰富的中华民族文化内涵,将其融入世界一体化的文化发展中,将对世界文化和我国文化产生积极的影响。我国民族传统体育文化以开放、友好和诚挚的态度主动与世界体育文化沟通、交流,并逐渐走向融合,这对自身的发展必然能够起到积极的推动作用。

(二)推动民族传统体育走向世界

在我国民族传统体育文化的传承中,蕴含其中的中华民族历史文化也在代代传承。中华民族传统体育文化的价值、功能和作用是多层次的,而且因其独特的艺术文化魅力而受到了世界的认可与赞扬。此外,我国民族传统体育的搏斗属性非常突出,而且在健身养生方面拥有重要的价值和功能,因此世界人们非常推崇和热爱中华民族传统体育项目。我国民族传统体育以其独特的健身养生模式而促进了世人的健康,这是中华民族在世界健康发展中发挥的重要力量,同时也将中华民族的智慧展现给世界人民。

(三)建立民族传统体育国际化人才队伍

体育的发展离不开高素质的专业人才,民族传统体育的发展同样如此,不同项目和领域的专业人才都会在各自项目的发展中发挥重要的作用。在我国民族传统体育文化国际交流与传播的过程中,需要的人才既要对民族传统体育项目精通,又要具备良好的国际沟通能力。因此,要做到在民族传统体育文化国际化发展中,对满足这些条件的国际化专业人才进行培养。

人才是发展的第一生产力,现阶段,民族传统体育的相关人才严重匮乏,已经成为民族传统体育产业化发展的掣肘条件之一。应努力增加民族传统体育产业的吸引力,使更多领域的人才加入民族传统体育产业中。

加强民族传统体育文化的国际交流与传播,能够使我国民族传统体育项目更好更快地走向国际社会。要使我国民族传统体育文化的社会价值得到全面实现,就要走国际化发展之路,但不能丢失民族性,这是必然选择与基本要求。通过这方面的国际交流与沟通,各国人民可以建立深厚的友谊,同时可以为我国民族传统体育文化的繁荣发展注入新鲜的血液。

新世纪我国民族传统体育文化发展的主流方向就是走向世界。应该加强对既懂民族传统体育,又懂经营、管理、法律的人才的培养,为民族传统体育产业的开发提供一定的人才支撑。一方面可以在相关专业体育院校进行培养,另一方面可以在社会上专门设立民族传统体育产业的机构和培训班进行培养。

(四)提升我国文化软实力

文化软实力具体是指一个国家的文化因素(体育价值观、制度、发展模式等)对国内的引导、动员、凝聚的功能及对世界的说服、吸引和渗透的力量。

在我国的国际化发展中,文化软实力发挥着重要的作用,而其发挥作用是通过科学的作用机制实现的。该机制主要由文化软实力施力主体、文化软实力资源、文化软实力传递路径、文化软实力作用对象及文化软实力作用效果等几个结构要素组成。人是文化的产物,文化深刻影响着人类各种行为,是人类行为的标准,人类的饮食、出行等生活中的各个方面都受到文化的影响。对于一个民族和国家来说,文化是一种软实力,是民族的灵魂。文化软实力是指一个国家维护和实现国家利益的决策和行动的能力,其力量源泉一定程度上基于该国在国际社会上得到的文化认同感以及由此产生的亲和力、吸引力、影响力和凝聚力。

民族体育是一种文化软实力,是人类文明的体现和符号,反映了民族的核心价值观,凝聚着民族精神,可以促进科学发展,创造和谐社会,满足精神需求。文化渗透在社会生活的各个方面,功效和作用是无形的,有利于民族思想的感化,对于各项社会建设具有辐射带动作用,对于人才培养具有催化作用。

四、民族传统体育国际化发展的策略

(一)革新民族传统体育的传承方式

由于历史的原因和自然条件的制约,大部分的民族传统体育项目在较为边远的地方,其传播和发展受到一定的约束,大部分的项目只是为了满足本民族的健身和休闲娱乐需求,得不到很好的传承。随着现代信息技术的发展,一些民族传统体育项目可以通过技术手段重新展现在人们面前。要注重改变其传播的方式,使民族传统体育得到更好的传承。

(二)规范民族传统体育的发展模式

作为我国优秀民族传统文化的重要组成部分,民族传统体育长期以来作为民间生活的一部分,能够较好地维系民族情感,将民族的伦理和风俗体现出来,从而构筑起中华民族的优秀文化。但由于缺乏较为完善和严格的比赛规则,很难对胜负和名次进行准确的界定,导致我国民族传统体育发展较为缓慢。所以,要想使我国民族传统体育的项目在世界上取得较好的发展,就必须加强对民族传统体育基本理论知识与实践技能的研究,同时也要不断更新与完善民族传统体育中优势项目的竞赛规则,以使民族传统体育不断向着规范与科学的方向发展。从民族传统体育中的舞龙与舞狮项目来看,这两个项目在我国的民族传统体育项目中是比较有优势的,而且竞争性也是比较突出的,其也具有与国际惯例相符的竞赛规则,这为严密组织和合理竞赛提供了保障。同时,舞龙舞狮运动的国际影响力得到进一步扩大,这对我国舞龙舞狮运动的国际化发展起到了很好的促进作用,从而成为国际化运动项目之一。我国优秀的民族传统体育项目应从过去只在狭小地域空间中开展转变为在世界体育文化交汇中得到不断的交流和传播,从而向着世界各地进一步推广,成为世界文化的重要组成部分。

(三)加强民族传统体育文化的推广

在历史发展的进程中,各个国家和地区形成了不同的文化传统。文化会潜移默化地影响人的思想观念、行为方式,对人的发展形成一定的约束。一种文化是否优秀,其重要的判断标准就是其是否可以被大众接纳,是否有利于社会的发展与进步。作为我国优秀的民族传统文化,民族传统体育在其发展历程中不断进步与完善,将我国的传统文化充分体现出来。除此之外，在与世界各民族文化的交流过程中，传统文化也发挥着重要的作用。民族传统体育可以通过开发一些优秀的民族传统体育项目，使民族传统体育融合到世界文化的发展中，以实现文化传播的重要意义。目前，我国的部分民族传统体育项目已经有了非常成功的案例，国际龙舟赛、风筝节以及舞龙舞狮等都是较为典型的代表。这些项目的举行和推广，有利于在全世界范围内推广与普及我国的优秀民族传统体育项目，使我国体育文化在世界体育文化之中占有一席之地，从而为我国民族传统体育文化的发展创造更大的平台，也有利于促进世界体育文化的发展与繁荣。

（四）改造民族传统体育的技术结构

民族是指在历史发展过程中逐步形成的一个具有共同习惯、共同语言以及共同文化的稳定的共同体。民族传统体育就是本民族在生活过程中不断探索出来的文化活动，具有独特的民族性和区域性。要想使民族传统体育项目在发展的过程中被世界大众所认可和接受，就必须要做好民族传统体育项目本身的全球化。我国的民族传统体育，起源于民间并在民间进行传承，具有一定的落后性，甚至有些技术动作不太科学。为了适应现代体育的发展趋势，应该积极改造民族传统体育的技术结构，改变其竞赛的规则，使其呈现出容易判定结果，集观赏性和竞技性为一体的发展趋势，这样才能促进其国际化发展。

第二节　我国民族传统体育产业化发展的战略

一、民族传统体育产业化发展现况

民族传统体育产业是体育产业化发展的重要组成部分，在市场经济的大潮下，开发民族传统体育的经济价值问题备受关注。我国是具有悠久历史的文化大国，对于民族传统体育的发展来说，无论是体育用品产业、体育休闲或是体育旅游、竞技观赏，都有着无限的潜力，这对于丰富我国的传统文化、传承我国的体育文化、充实群众的日常生活都具有重大的意义。

民族传统体育作为我国体育中的特有部分，近年来也得到了很多人的关注，比如武术、太极拳等成为越来越多人的健身选择，并得到了产业化发展的机遇。在人们越来越注重健康，体育产业快速发展的背景下，应该制定我国民族传统体育产业化发展的政策，促进民族传统体育的繁荣发展。

二、民族传统体育产业化发展策略

（一）我国民族传统体育产业化发展

民族传统体育项目具有一定的复杂性和难学性，随着现代体育的发展和现代生活节奏的加快，人们对于体育项目的追求朝着更加简单、实用、有趣的方向转变。因此，在进行民族传统体育项目的产业化发展时，应该加强对民族传统体育项目的改造，以不断满足现代人的体育需求，夯实相关的群众体育基础。

此外,在进行民族传统体育项目开发过程中,一定要注意不断进行创新,在改造民族传统体育项目的过程中,应不断加强科学技术的投入,促进民族传统体育项目的科学性。具体而言,对于民族传统体育项目中的一些技术动作,应舍弃其中不符合运动原理的动作,增强健身的效果。而对于那些观赏性较强、适合开展比赛的运动项目,要注意其规则的完善,提高其观赏性。

(二)熟知我国体育产业政策

目前体育产业在我国的发展刚刚起步,很多地方也制定了一系列的政策文件,在制定民族传统体育产业的发展政策时,可以进行适当的参考和借鉴,从中吸取经验,制定出适合我国国情和产业发展实际情况的政策,使政策的实践性和可操作性得以提高。

在市场经济环境下,市场机制并不是万能的,市场机制的局限性决定了对于提供公共物品和服务的企业、部门在不完全竞争、垄断的环境下,价格机制并不能对相应的资源实现有效分配。借助产业政策可以有效地弥补市场机制的局限性,全面提高经济运行的效率。

体育产业政策可以解决体育市场中失灵的部分。制定科学合理的体育产业政策,将体育产业政策和市场机制有机结合,就能把市场缺陷所带来的产业效率损失减少到最低,推动体育产业朝既定目标发展。

体育产业政策对体育产业结构优化发展起到关键作用。体育产业各部门合理的比例分配、产业结构与需求结构的动态变化等都涉及资源在全社会的合理调配。

政府可以站在宏观经济的高度,制定和完善有利于体育产业发展的产业政策,并根据不断变化的市场供求关系,通过经济、行政和法律手段,调节社会资源在体育产业各部门间的合理分配,优化体育产业结构,调节体育产业各部门间的连结方式和量的比例关系。

发展中国家要想在较短时期内形成具有竞争力的体育产业规模和技术体系,就必须依靠体育产业政策的直接推动。如果仅仅依靠市场的自由调节,需要很长一段时间的资金积累,无法在短期内累积体育产业发展所需的资金,难以实现体育产业快速发展的目标。

政府要参与体育产业的发展,应根据本国体育消费和体育市场的实际发展程度,制定符合本国国情的体育产业政策,规范市场秩序,有计划、有目的地推动体育产业快速发展。

(三)形成体育政策改进机制

在进行产业政策制定时,应该遵循体育产业政策中"执行—调整—再执行—再调整"的演进规律,针对民族传统体育产业化发展过程中出现的新形势,形成动态化的政策改进机制。

应不断将民族传统体育产业成功发展的实践经验升华为理论,并应用于体育产业政策之中,如我国竞技武术的产业化发展。此外,应该及时把握民族传统体育产业政策落实中的不利因素,及时进行修正和调整,不断引导民族传统体育产业的健康持续发展。

随着体育市场在我国的不断成熟,会出现越来越多的体育社会组织,在成熟之后,就会出现越来越多的体育俱乐部,这些俱乐部的成员都拥有共同的兴趣和爱好,而民族传统体育要想发展得更加快速和完善,也必须走体育俱乐部制的道路。民族传统体育实行俱乐部制不仅有利于传播我国优秀的民族传统文化,也加速了自身社会化与产业化的历程。

通过引入民族传统体育俱乐部制,可以满足人们日益增长的健身和娱乐需求,从而不断吸引更多的人参与到民族传统体育的运动中来,促进民族传统体育的快速发展。由此可以为进一步发展民族传统体育产业提供良好的人才基础,促进民族传统体育的专业化发展,不断提高其相关赛事的专业性。

通过俱乐部的运作和发展,也可以提高民族传统体育文化在世界上的影响力和传播力。民族传统体育文化在世界范围内的传播主要有两种形式:第一,向国外输送优秀的民族传统体育教练员与运动员,互派访问团与表演团,创办民族传统体育学院等,如孔子学院的武术项目,在国外吸引更多人的参与。第二,借助文化交流形式,如民族传统体育文化节、民族传统体育交流赛等,促进民族传统体育文化的普及和传播。

（四）丰富民族传统体育产业主体

民族传统体育产业的发展,离不开广大人民群众和社会力量的支持,因此,在民族传统体育产业政策的设计实施中不仅要重视政府的主导作用,同时也要注意运用市场、非营利机构等社会组织的功能。着力于构建政府负责、社会组织协同、公众参与的多元化产业政策设计新格局,形成社会各领域资源的有效整合,发挥社会力量的协同作用,从而保障政策制定的科学性。

（五）构建法律法规体系

民族传统体育项目的产业化发展在我国刚刚起步,因此,必须建立相关部门联动合作的机制,构建由体育部门牵头,旅游、文化等部门协同配合的政策监督体系,对政策的落实情况及时进行监督。在这个过程中,应注意运用法制化的手段,进行监督和评估。

民族传统体育产业化发展,应该采用以市场为主、政府扶持为辅的发展模式。目前,我国政府已经出台了很多扶持体育产业发展的政策,但还没有相关的法律制度出台,没有对相关措施进行规范化。而一个产业要想有序、良性发展,必须要在一定的法律制度内进行,因此应该健全民族传统体育产业的法律制度建设,为之提供必要的法律制度支撑。

（六）促进生态化发展途径

目前,我国正处于倡导生态文明建设的重要历史时期,生态化开发是在我国经济和文化建设政策及国家生态文明建设目标指导下的一种文化创造,是对民族文化开发和价值转换的一种科学选择,体现了国家对文化环境和资源的高度重视,对国家文化战略思考、文化服务体系完善和文化产品创造及文化影响力的传播都具有重要意义,必将进一步促进民族地区经济社会发展和文化的和谐进步。

因此,生态化发展是民族传统体育产业化发展的一项宏观政策,相关具体政策的制定,应以生态化开发为前提,并不断上升到地方长远发展战略的高度。

随着我国生态文明和科学发展观的提出,开始出现了生态文明视野下的武术发展等具有鲜明时代特色的研究,还有一些涉及民族体育发展模式构建以及运行等方面的研究。这些具有开创意义的研究,坚定了从事生态发展模式研究的相关人员的信心和决心。但是,目前对民族体育生态发展实践操作层面的研究还不够深化和细化。

民族体育文化生态发展模式,是生态发展模式中的衍生领域。民族体育作为我国民族文化中的一件瑰宝,如何将其更好地传承发展下去是非常重要的。民族体育文化最大的魅力就在于它具有历史传承的原生性。从生态发展模式上看,其传承就要确保自身的原生性。

生态发展模式要以我国实际情况作为基础,按照自己的发展步伐,在大发展、文化大繁荣的时代背景下,吸收其他文化资源的长处,谋求与整个自然、社会、文化生态系统的平衡。

民族体育生态发展模式是以一个鲜活的民族体育文化整体为逻辑起点,遵循民族体育自身环境特点,尊重大众消费需求,强调民族体育主体地位和民族体育内部和谐运行,保持民族体育与外部政治、经济、文化、社会等外部关系畅通的生态发展模式。

参考文献

[1]于炳德.高校民族传统体育教学改革[M].哈尔滨:哈尔滨出版社,2020.11.

[2]张丽.我国民族传统体育文化的传播与发展研究[M].长春:吉林出版集团股份有限公司,2021.07.

[3]曹卫华.丝绸之路经济带我国民族传统体育文化资源与产业发展研究[M].西安:陕西师范大学出版社,2021.03.

[4]王昕光,赵云鹏,吴伟.传统体育文化研究[M].太原:山西经济出版社,2021.08.

[5]郭燕.新媒体时代体育文化建设研究[M].延吉:延边大学出版社有限责任公司,2021.06.

[6]姜君.城市记忆杭州市非物质文化遗产丛书传统体育游艺与杂技卷[M].杭州:西泠印社出版社,2021.12.

[7]石丽华,吕涛.我国民族传统体育文化传承与发展研究[M].太原:山西经济出版社,2020.07.

[8]梁田.高校民族传统体育教学模式的创新性研究[M].长春:吉林人民出版社,2020.12.

[9]谢明川.民族传统体育文化的继承保护与创新发展研究[M].北京:中国纺织出版社,2020.12.

[10]徐永峰."一带一路"沿线民族传统体育文化的发展探究[M].北京:中国纺织出版社,2020.03.

[11]陈悦柏.民族体育教学与创新研究[M].哈尔滨:哈尔滨出版社股份有限公司,2020.08.

[12]韩玉姬,王洪坤.西南少数民族体育文化传承论[M].北京:九州出版社,2020.07.

[13]王斌,徐春,孙翠琪.青藏高原少数民族传统体育特色项目研究[M].西宁:青海人民出版社,2020.04.

[14]赵忠伟.中国北方地区民俗体育文化研究[M].北京:高等教育出版社,2020.07.

[15]刘敬柳.壮族传统体育游戏[M].南宁:广西科学技术出版社,2019.12.

[16]周智慧.蒙古族传统游戏搜集整理与传承研究[M].北京:中央民族大学出版社,2019.05.

[17]潘劲松.中国民族民间体育[M].大连:大连理工大学出版社,2019.04.

[18]朱荣军.民族传统体育发展与实践研究[M].北京:北京工业大学出版社,2019.10.

[19]宋迪涛.民族传统体育传承与和谐社会构建[M].北京:九州出版社,2019.10.

[20]陈秋丽.中国民族传统体育文化资源和产业发展研究[M].西安:陕西人民出版社,2019.

[21]王和鸣.民族传统体育文化在大学生体育健康教学模式中的融合与发展[M].北京:北

京工业大学出版社,2019.01.

[22]戴金明,梁世君,张蕊.民族传统体育文化导论[M].北京:中国纺织出版社,2019.01.

[23]史文锋.民族传统体育探究与健身实践[M].长沙:中南大学出版社,2019.03.

[24]高文峰,刘克全.中国民族传统体育游戏[M].兰州:兰州大学出版社,2015.11.

[25]张盟.东北非物质文化遗产丛书民间体育技能与传统医药卷[M].沈阳:东北大学出版社,2018.02.

[26]董好杰.当代体育文化多维探索与研究新思路[M].北京:冶金工业出版社,2018.11.

[27]陈小蓉.中国体育非物质文化遗产河南卷[M].兰州:甘肃教育出版社,2018.12.

[28]苏航.民族传统体育文化传承创新研究[M].南昌:江西科学技术出版社,2017.03.

[29]倪东业,张辉,朱建昌.湖北省少数民族体育概要[M].武汉:华中师范大学出版社,2017.05.

[30]丁玲辉,阿旺晋美.西藏传统杂技艺术研究[M].拉萨:西藏人民出版社,2017.07.